El constructivismo

Alekséi Gan

Introducción de Christina Lodder

Traducción de Marta Rebón y Ferran Mateo

EDITORIAL TENOV

Publicado en abril de 2014

La autora y los editores desean aprovechar esta oportunidad para expresar su enorme agradecimiento a la familia Lavréntiev y especialmente a Aleksandr Lavréntiev por su inestimable ayuda al contestar a todas nuestras preguntas y por su enorme generosidad al permitirnos reproducir las magníficas fotografías realizadas por su abuelo, Aleksandr Ródchenko.

© de esta edición:
Editorial Tenov
Casp 147
08013 Barcelona
tenov@editorialtenov.com
www.editorialtenov.com

Impreso en PJS & C impressions, Barcelona.

ISBN: 978-84-939231-3-6
DL: B 676-2014
Publicado con la colaboración del Instituto de la Traducción, Rusia.

ИНСТИТУТ ПЕРЕВОДА

AD VERBUM

ÍNDICE

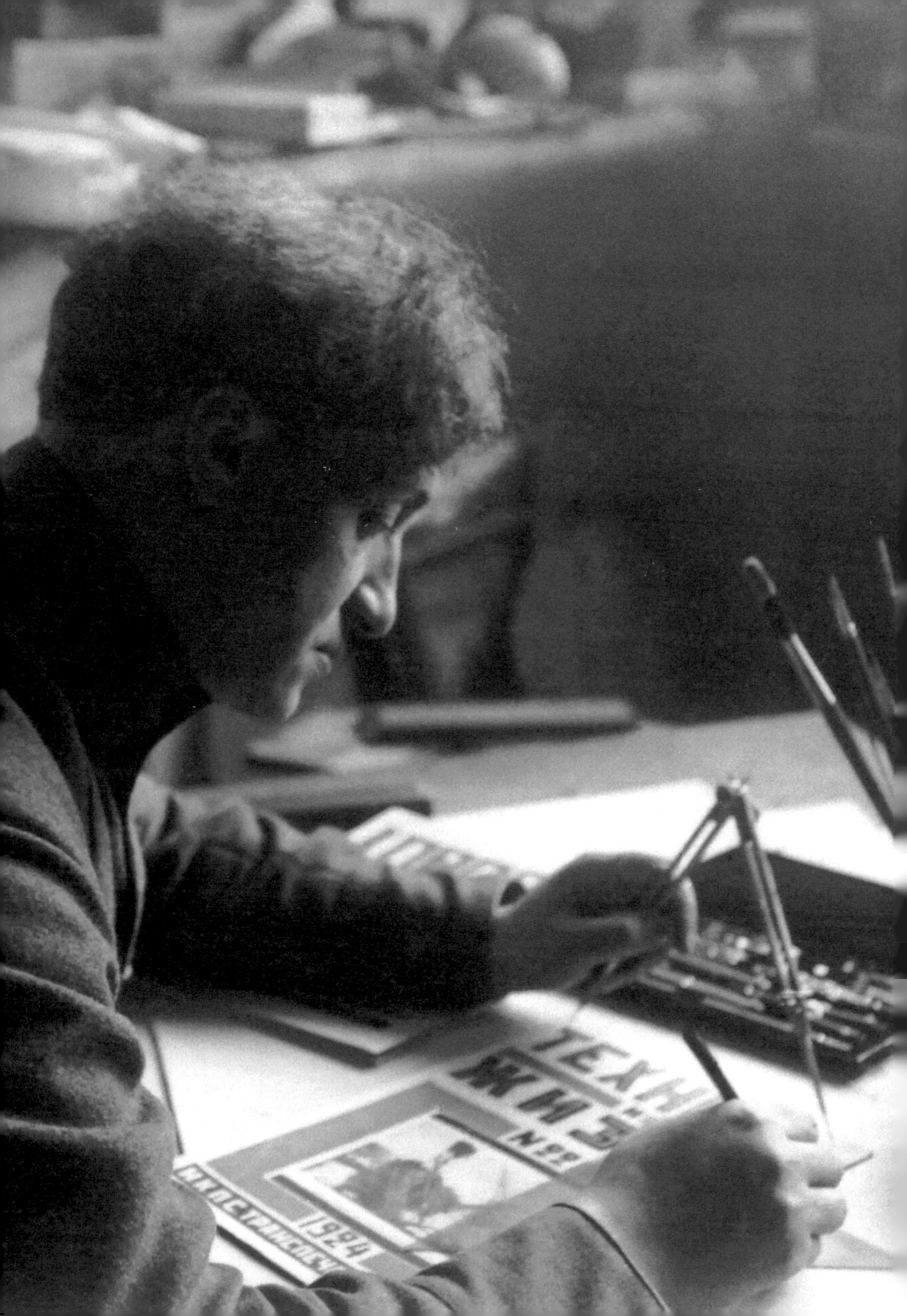

ALEKSÉI GAN: UNA FIGURA CLAVE EN EL CONSTRUCTIVISMO RUSO

Christina Lodder

El constructivismo fue un movimiento creativo de carácter revolucionario que se dio en Rusia en la década de 1920 y Alekséi Mijáilovich Gan constituyó una figura clave en su desarrollo. Aun así, hasta la década de 1990 se había escrito poco acerca de él.[1] Irónicamente, los primeros artículos dedicados en exclusiva a su persona surgieron durante la década que también asistió al derrumbe de la Unión Soviética y a la destrucción definitiva de cualquier esperanza respecto a la creación de una utopía comunista en Rusia, con la que Gan había soñado y para la cual había trabajado sin descanso.[2] Por desgracia, aunque la caída del comunismo significó que los materiales de archivo pasaban a estar disponibles, en aquel momento, el rechazo de la Revolución en Rusia y el dominio del posmodernismo occidental supusieron que el atractivo intelectual de figuras como Gan cayera en picado. Desde entonces, sin embargo, el interés académico se ha reavivado tanto en Rusia como en Occidente. Aleksandr Lavréntiev ha publicado una valiosa monografía sobre esta enigmática figura cultural.[3] Por su parte, Kristin Romberg ha arrojado nueva luz sobre su vida y obra.[4] Al escribir esta introducción me he beneficiado enormemente de las investigaciones de ambos.

El nombre de Alekséi Gan no siempre ha desempeñado un papel demasiado importante en las historias del constructivismo ruso, a pesar de que contribuyó de manera decisiva a la formulación, elaboración, publicación y promoción de la teoría y la práctica de este movimiento. Fue el autor del Programa del Grupo de Constructivistas en Acción con sede en Moscú en marzo de 1921; publicó el primer tratado teórico sobre el movimiento, *El constructivismo* (*Konstruktivizm*, octubre-diciembre de 1922); y se encargó de editar dos importantes publicaciones en las que se elaboró la teoría constructivista y se desarrolló su práctica en relación al cine, la fotografía y la arquitectura: *Cine-Foto* (*Kinó-Fot*, 1922-1923) y *Arquitectura contemporánea* (*Sovreménnaya arjitektura – SA*, 1926-1930). Estas revistas publicaron textos de figuras representativas en estos ámbitos; explicaron y promovieron el constructivismo en general y fomentaron ideas relacionadas con él. Además de realizar este trabajo de agitador y teórico, Gan también

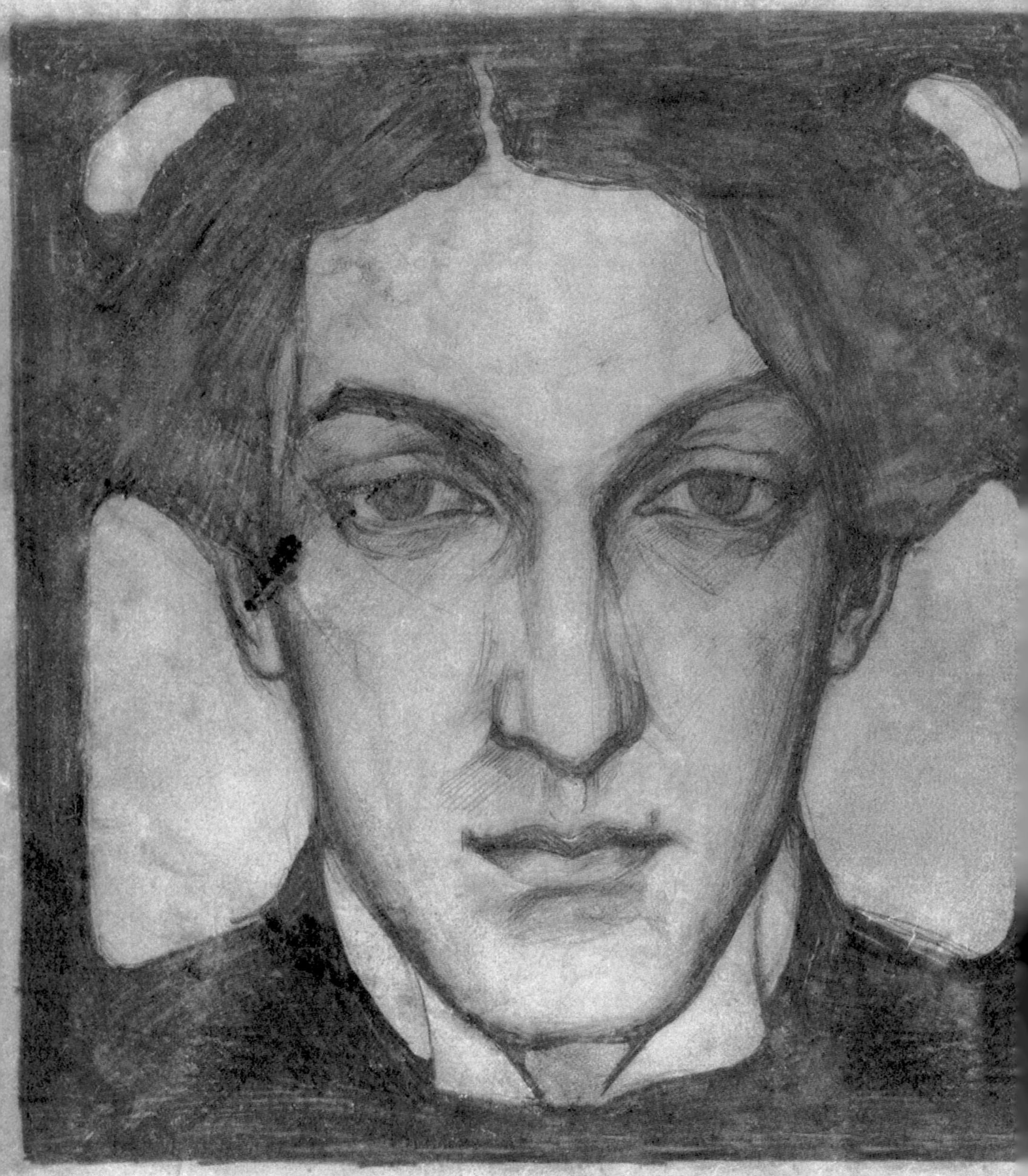

diseñó algunos de los primeros quioscos que plasmaban los principios constructivistas, desarrolló la teoría y la práctica de la tipografía conforme a los principios constructivistas y trabajó en el cine y el teatro.

Esta lista de actividades tan variadas sugiere uno de los motivos por los que Gan ha sido tratado más bien someramente por los historiadores del arte que escriben sobre constructivismo: resulta un personaje difícil de clasificar. Era un activista cultural y político, una figura ecléctica y rebosante de talento, presente en una amplia variedad de proyectos de vanguardia, aunque sin destacar en ninguno de ellos. En muchos aspectos la diversidad de sus actividades refleja cómo el constructivismo fue un movimiento interdisciplinario que abarcó un gran número de medios.

Naturalmente, los historiadores del arte que escriben sobre constructivismo han tendido a centrarse en el grupo de artistas que pasaron de hacer obras de arte a diseñar objetos para uso cotidiano y, pese a que Gan creó algunos diseños, no fue un diseñador prolífico ni tampoco estuvo directamente implicado en el desarrollo de una metodología de diseño constructivista en los VJUTEMAS de Moscú (*Vysshie Judózhestvenno-tejnícheskie masterskie* – Talleres de Enseñanza Superior del Arte y de la Técnica), donde Aleksandr Ródchenko, Liubov Popova, Várvara Stepánova, Aleksandr Vesnín, Gustavs Klucis (Gustav Klutsis) y otros trabajaron en el Curso Básico y en la Facultad de Trabajo en Madera y Metal.[5] Gan tampoco participó –y ni tan siquiera fue mencionado– en la revista de vanguardia *Lef*: Frente de izquierda de las Artes (*Levi Front Iskusstv*, 1923-1925), cuyo editor era el poeta Vladímir Mayakovski, una publicación que gozó de gran reputación póstuma. *Lef* se centraba principalmente en la literatura, pero en ella también tuvieron cabida varios artículos y declaraciones teóricas relevantes sobre el constructivismo, con ilustraciones, además, de Ródchenko, Stepánova y Popova. Gan hizo algunos diseños importantes de quioscos, pero ni estos ni sus trabajos tipográficos son tan conocidos como los de Ródchenko o Klucis. Incluso como teórico del movimiento, Gan era más un agitador, publicista, activista y promotor que un sutil esteta. Es significativa una observación que hizo Stepánova en marzo de 1920: «Gan considera que la agitación es tan importante como la creación de obras de arte».[6]

Para colmo, la información sobre la vida de Gan y su carrera ha sido exasperantemente escasa. Durante muchos años ni siquiera supimos con exactitud las fechas de su nacimiento y muerte. Al parecer, nació en 1887, fue arrestado oficialmente en 1941 y ejecutado un año más tarde.[7] En 1934, tras haber

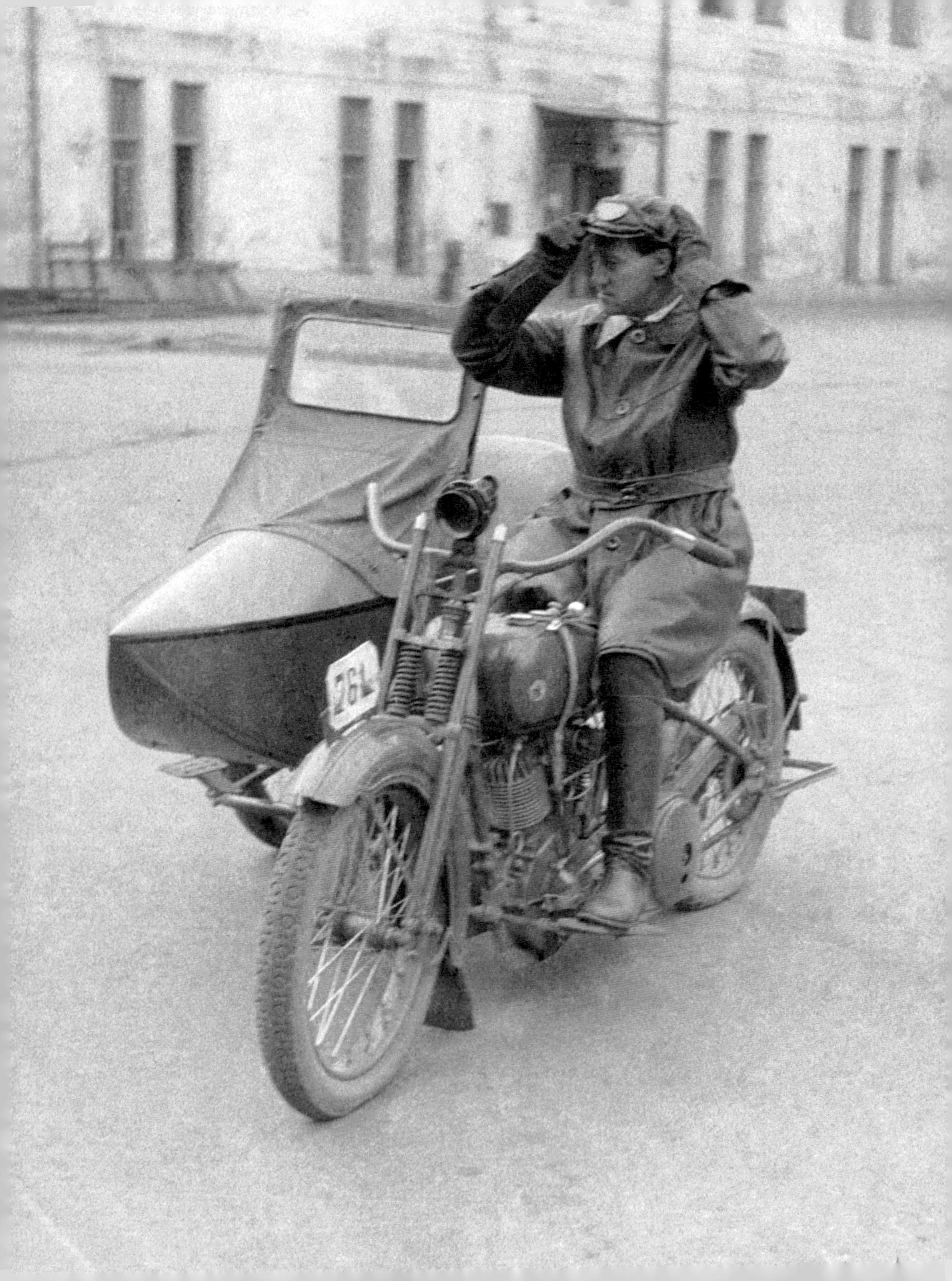

recibido el encargo de un editor para llevar a cabo un trabajo en el lejano oriente de la Unión Soviética, se dirigió a Jabárovsk.[8] Allí decoró el puerto para dar la bienvenida a la tripulación del barco de vapor Cheliúskin, que se hundió en 1934 mientras exploraba la Ruta del Mar del Norte a través del Ártico. Posteriormente, parece que se pierde el rastro de Gan, aunque en cierto momento despotricó contra Stalin en público tildándolo de «canalla picado de viruelas» (*ryabói svoloch*), un acto relacionado sin duda con su encarcelamiento y muerte. Fue rehabilitado en 1989.[10]

Incluso hoy, la formación y la vida personal de Gan anterior a la Revolución están cubiertas de cierto halo de misterio. Su primera mujer, Olga, murió en febrero de 1920 aquejada de alguna enfermedad del corazón.[11] Su segunda esposa fue la cineasta Esfir Shub, a la que conoció cuando trabajaba en el Departamento de Teatro del Comisariado del Pueblo para la Instrucción Pública (*Teatrálnoe otdelenie, Narodni Komissariat Prosvescheniya* – TEO, Narkompros).[12] Su hijastra Anna Konopleva recuerda que Gan estaba involucrado en actividades políticas clandestinas, que tenía una agradable voz de tenor y una vez cantó en una ópera, que combatió en la Primera Guerra Mundial, que le gustaba cocinar, que mantenía su estudio extremadamente limpio y ordenado, que era un hombre amable pero era también alcohólico y se emborrachaba con frecuencia.[13] El alcoholismo, por lo visto, fue la causa de sus prolongadas estancias en el hospital. A mediados de la década de 1920 recibió tratamiento en el hospital psiquiátrico municipal Z. P. Soloviov n.° 8 de Moscú y en noviembre de 1928 ingresó en el hospital psiquiátrico Donskoi.[14] Puede que el alcoholismo le impidiera alcanzar todo su potencial, como se desprende de las palabras de su colega, el arquitecto constructivista Víktor Vesnínn:

> Hombre de múltiples talentos y excepcionalmente profundos, A. M. Gan desempeñó un papel muy importante y de liderazgo en el diseño gráfico, el cine y la arquitectura soviéticos. Extremadamente bien formado y con un conocimiento extraordinario de la literatura marxista-leninista, Gan aspiró a llevar a cabo la gran tarea social de nuestros tiempos en toda su obra artística. Por desgracia, su enfermedad casi siempre le privó de la oportunidad de materializar sus mejores ideas artísticas y, por lo tanto, de alcanzar la plena realización de su potencial.[15]

Gan es conocido sobre todo por su relación con el constructivismo pero, por lo que sabemos, no tenía formación artística y no hay pruebas de que trabajara como artista profesional antes de la Revolución, aunque no cabe duda

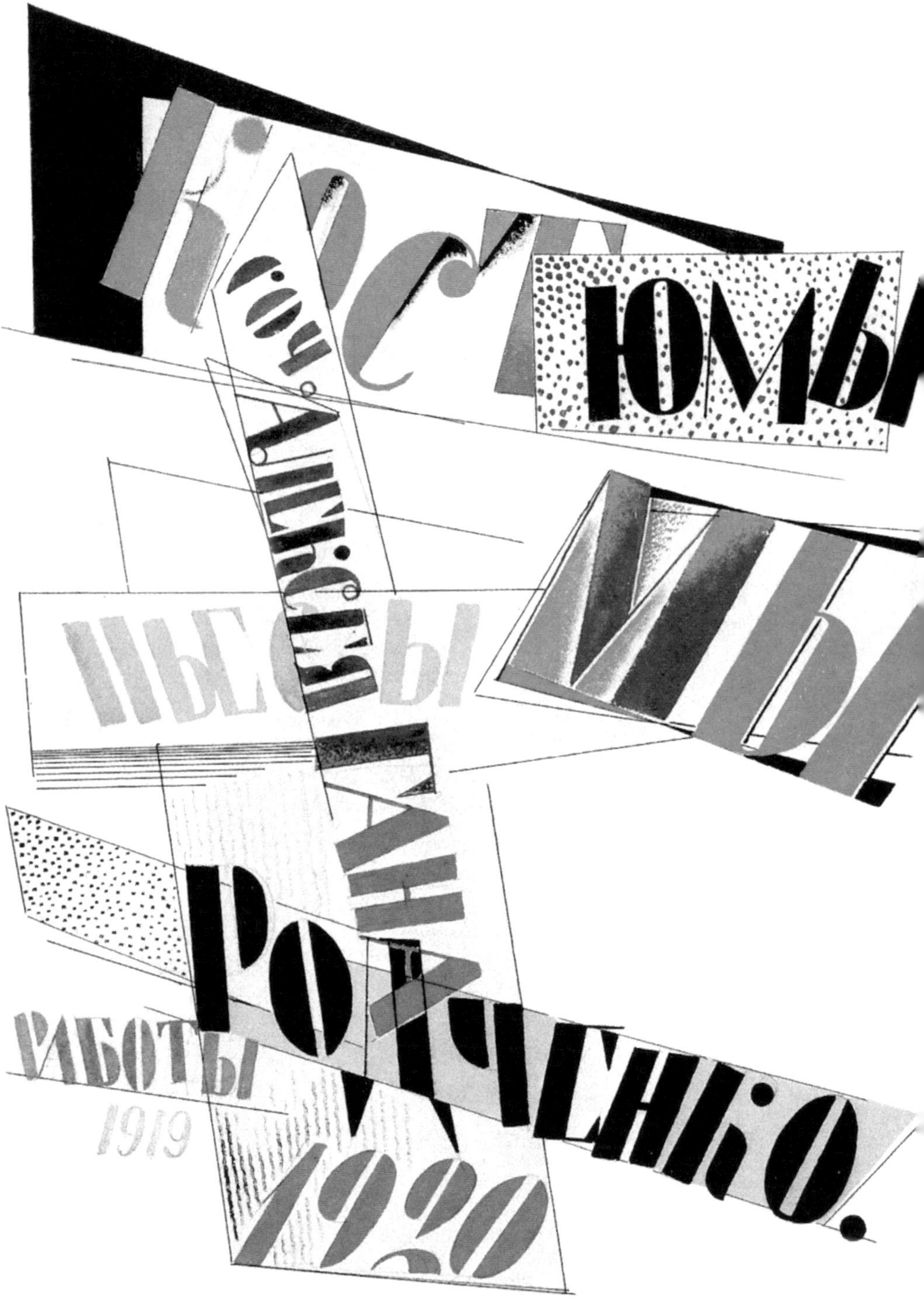
КОСТЮМЫ
СОЧ. АЛЕКСЕЯ ГАН
ПЬЕСЫ
МЫ.
РАБОТЫ
1919
РОДЧЕНКО.
1920

de que estaba interesado en el arte dado que se conserva un autorretrato de la década de 1910 (p. x). A todas luces, sus colegas vanguardistas no lo consideraban artista. A principios de 1919 Stepánova registró un comentario de Ródchenko: «Estoy harto de Gan. No entiende nada de arte».[16] Sin embargo, al contrario que sus amigos del mundo del arte, es evidente que Gan tenía un conocimiento más que superficial de ciencia y tecnología. Solía conducir una motocicleta y sabía repararla, y el 28 de agosto de 1921 fue elegido presidente de la Asociación de Inventores (*Assotsiátsiya izobretátelei* – AIZ).[17] No está claro qué inventó, pero evidentemente era valorado por sus capacidades científicas y tecnológicas.

Teatro revolucionario

Parece que Gan estuvo vinculado al mundo del teatro antes que al del arte. Por lo visto, se había involucrado en el teatro *amateur* obrero antes de la Revolución[18] y, entre las revoluciones de febrero y octubre de 1917, organizó un grupo de teatro de aficionados para la Unión de Trabajadores de la Alimentación de Moscú, bajo los auspicios de la Federación de Grupos Anarquistas de Moscú en 1918.[19] Gan argumentaba que los trabajadores crearían el nuevo teatro y subrayaba que «el teatro proletario contemporáneo no es arte. Es un trabajo creativo vital. No entiende ni acepta un repertorio ajeno. Está creando el suyo propio».[20] Una historia del teatro ruso publicada en 1933 describía a Gan como «el ideólogo de una abstracción decadente»,[21] que había abrazado las ideas de Proletkult (organización dedicada a impulsar la cultura proletaria fundada en 1918 por Aleksandr Bogdánov, Maksim Gorki y Anatoli Lunacharski)[22] y había manipulado la sección teatral del Soviet de Teatro de Obreros y Campesinos para declarar su intención de «luchar sin cuartel contra el teatro profesional».[23] Es probable que la conexión con Proletkult fuese válida, dado que el punto de vista de Gan reflejaba la política de esta organización y citó de un modo bastante amplio a Bogdánov en su texto *El constructivismo* de 1922, aunque Proletkult había perdido su independencia en 1921 y en los albores de los años treinta, Gan ya no gozaba de apoyo político. A principios de 1919, Gan se unió a la TEO y en 1920 fundó el grupo «Acción de Masas» (*Massovoe Deistvie*) con Vitali Zhemchuzhni y N. Lvov.[24] Reiterando las declaraciones previas de Gan, este grupo afirmó: «La cuestión de la creación de un teatro de masas sólo la pueden solucionar las propias masas en el proceso de un trabajo de creación colectiva y de una cooperación de camaradas entre los líderes y los colectivos».[25]

La posición de Gan respecto al teatro profesional cambió cuando vio la puesta en escena que Vsévolod Meyerhold hizo de *Las albas*, obra del poeta simbolista belga Émile Verhaeren, en 1915. En esta obra, los revolucionarios de dos ejércitos armados se unen contra la tiranía de los generales y los capitalistas, declaran la paz y celebran la solidaridad internacional de la clase trabajadora. La producción de Meyerhold evocaba el espíritu revolucionario de los tiempos presentando la obra «al estilo de un mitin político», mientras que el interior del auditorio era tan informal que «todo el mundo se sentía como en casa en ese teatro».[26] Al volver a ver la obra en noviembre de 1920, Gan escribió:

> La lucha que hasta ahora he estado librando contra el teatro profesional en general debe cambiar de alguna manera a partir de este momento, ya que la aparición del nuevo teatro de la RSFSR [República Socialista Federativa Soviética de Rusia] encarna un ajuste sustancial en su concepción del teatro en tanto que templo sagrado. Parece que es posible abandonar ese templo, hablar con los actores, despedirlos con entusiasmo revolucionario y luchar dentro del mismo teatro por encontrar un camino hacia el nuevo público. Ahora debemos dirigir todos nuestros esfuerzos a educar y organizar este público.[27]

Parece que fue alrededor de 1920, durante el periodo de crisis acerca del nuevo repertorio, cuando Gan escribió su obra *Nosotros* (p. XIV). El texto no se ha conservado, sólo una lista de personajes y los coloridos diseños del vestuario de Ródchenko que Gan pidió al artista que creara el 29 de noviembre de 1920.[28] Ródchenko registró «en total, treinta bocetos para la obra revolucionaria y dinámica *Nosotros* de Alekséi Gan. Propuse hacer los trajes conforme a un nuevo principio».[29] Los trajes de los obreros «debían hacerse sólo en tonos rojos (rojo sobre rojo) y basarse en contrastes de texturas», mientras que el policía se tenía que hacer de la misma manera pero utilizando únicamente tonos negros (pp. XVIII-XIX).[30] Los diseños que se conservan indican que, como en la obra de Vladímir Mayakovski, *Misterio bufo* (1918), Gan había dividido a sus personajes en «limpios» (el obrero, el campesino y el payaso: es decir, aquellos a los que pertenece el futuro revolucionario) y «sucios» (el oficial y el comerciante, esto es, los capitalistas y la burguesía que representan a los opresores del pasado). Dado que no se ha encontrado ningún guión, Aleksandr Lavréntiev sugiere que Gan concibió la obra como un espectáculo de masas en el que el público participaba plenamente en la creación de la acción de la obra.[31]

Esto es del todo posible, pues Gan era un gran defensor del Teatro de Masas cuando trabajaba para la Sección de Actuaciones y Espectáculos de Masas de la TEO, como se menciona en un informe del 5-8 de febrero de 1920. Reconociendo que el Primero de Mayo era «un festival integral de la cultura proletaria» y que «el guión debería ser escrito por las propias masas en un proceso de trabajo colectivo y de discusión colectiva», la sección aceptó la sugerencia de Gan de que las celebraciones debían basarse en la Internacional Comunista, «de la que el festival internacional emerge históricamente como el primer acto de creatividad en masa a escala mundial».[32] Trataría, por lo tanto, de la historia de las tres internacionales comunistas culminando en «un retrato vívido de los grandes logros de la Revolución de Octubre, del sistema soviético y de la transición a las formas socialistas de vida». El informe añadía:

> A. M. Gan ha elaborado en detalle la parte decorativa de los festejos, el diseño del escenario en que se desarrollarán y que en última instancia se ampliará para abarcar la ciudad entera de Moscú incluyendo sus alrededores.
> El objetivo general de este plan es imaginar la ciudad comunista del futuro. Todas las plazas en que se desarrollará la acción llevarán nombres inspirados en las artes y las ciencias. Por ejemplo, la Plaza de la Geografía -con un enorme globo en el que los continentes están pintados en las tonalidades rojas de una llameante revolución mundial-, Plaza de la Astronomía, Plaza de la Economía Política, etc.
> Las calles estarán decoradas con banderas rojas y escaparates con representaciones satíricas de la actualidad. En algún lugar fuera de la ciudad (posiblemente en Jodynka) se establecerá un campo de la Internacional con una emisora de radio y un aeródromo. La acción principal de los festejos tendrá lugar en este campo.
> La parte del guión del festival elaborada con más detalle por parte de la Sección es el prólogo, que se puede resumir del modo siguiente. De madrugada sonará una fuerte bocina en las Colinas del Gorrión, a la que contestarán las sirenas de todas las fábricas de la ciudad.
> Cuando oigan la señal, las patrullas de caballería, las motocicletas y los vehículos abandonarán los diecisiete puestos de avanzada de Moscú para dirigirse a las plazas de distrito mientras llaman a los ciudadanos a salir a las calles. En las plazas de distrito los esperarán colectivos de agitadores que atraerán a la gente a participar activamente en el festival. Se celebrará el acto de la primera internacional. Una vez acabe, las masas avanzaran hacia el centro, pasando por las calles y las plazas de las artes y las ciencias.

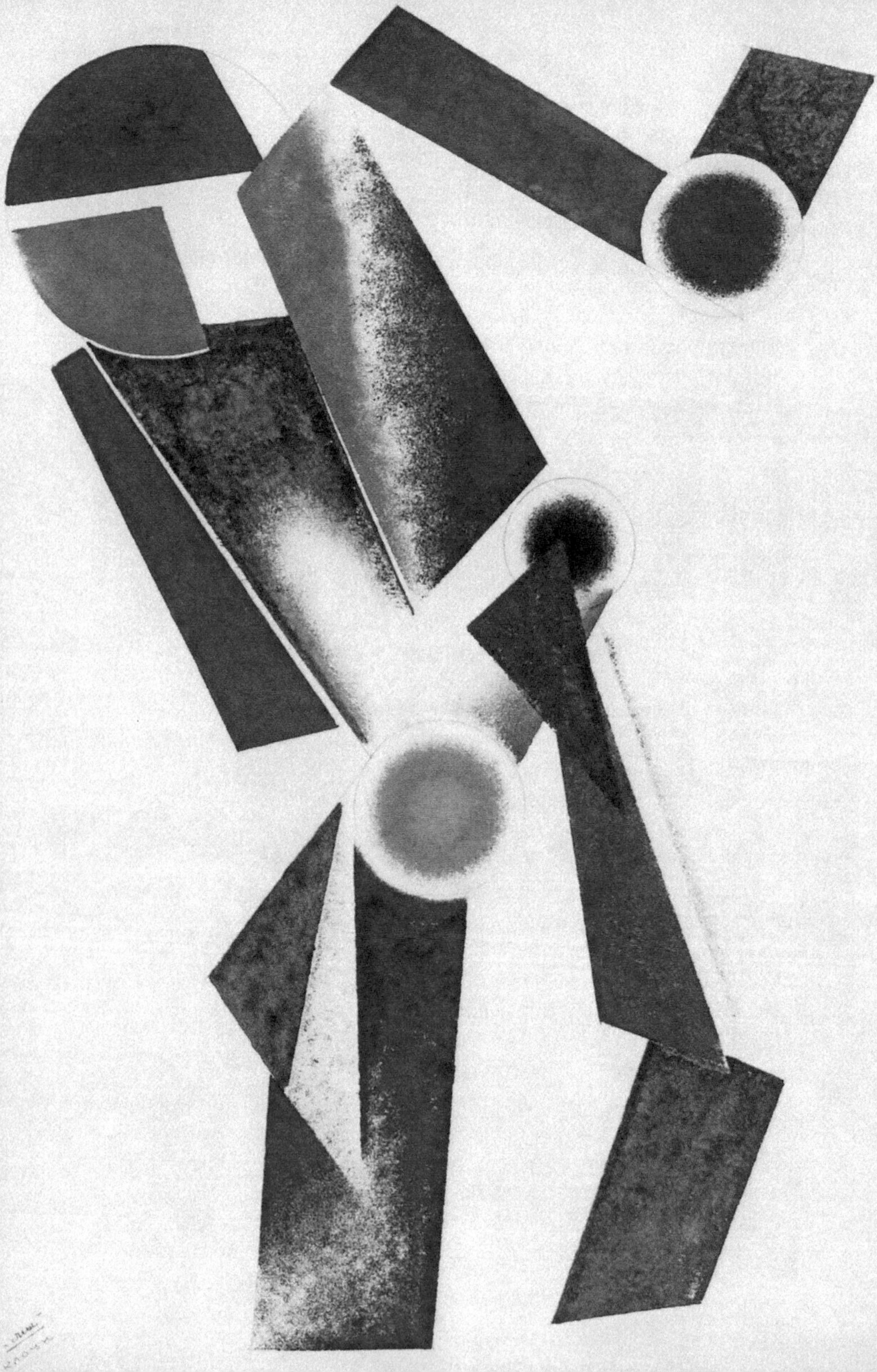

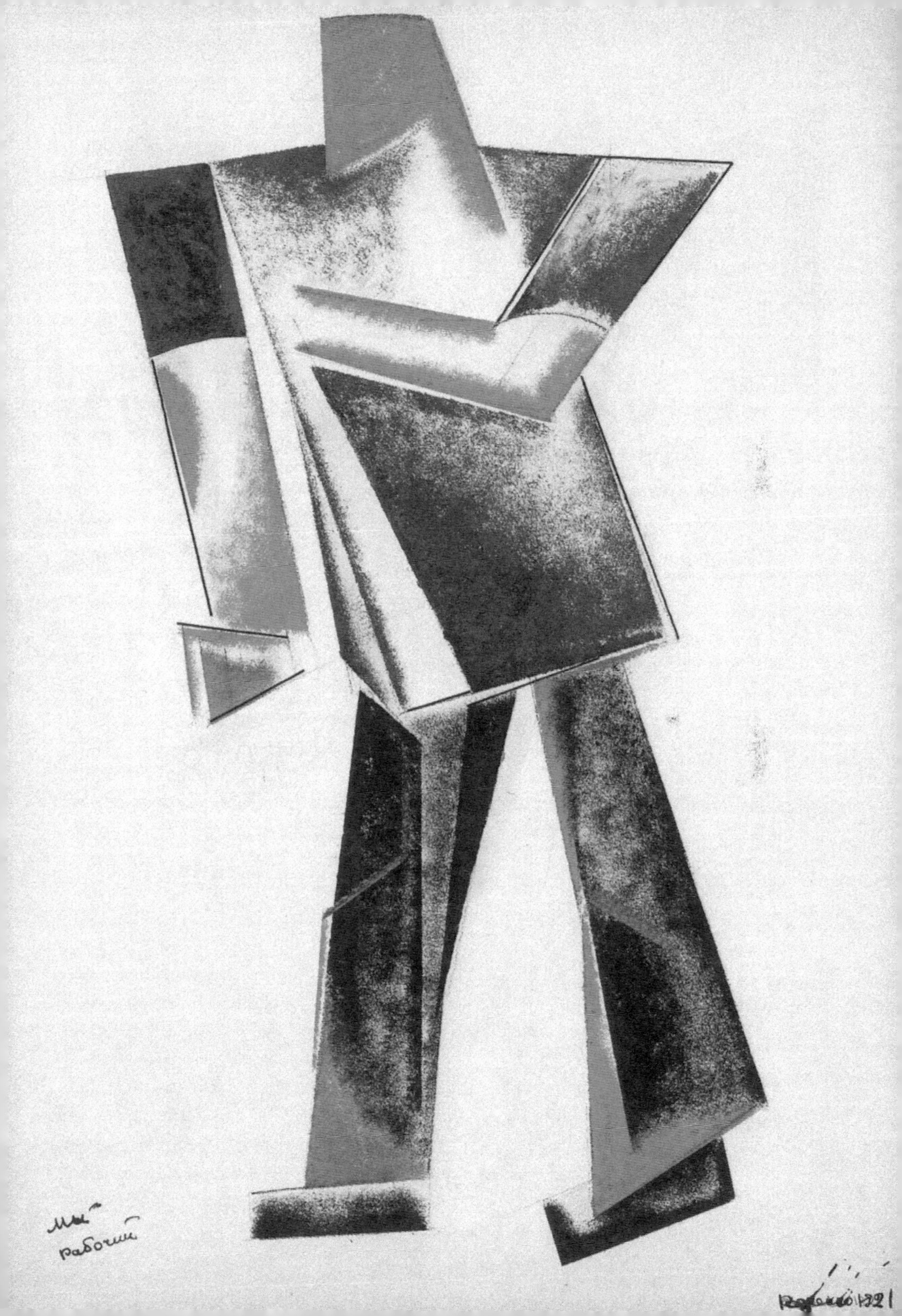
"Мы"
рабочий

> La celebración de la Segunda Internacional tendrá lugar en el centro. Finalmente, una multitud de gente avanzará hacia el Campo de la Internacional donde se promulgará el colapso de la Segunda Internacional, a la que le seguirá la aparición de la Tercera y la transición a un sistema socialista. A lo largo del camino se organizarán intervalos para comer y descansar, manteniendo también un perfil teatral.[33]

Los planes de Gan no se ejecutaron. Un informe de los festejos del Primero de Mayo en Moscú describía los carteles y los decorados que culminarían en una representación de la obra de Sófocles, *Edipo*.[34] En aras de la «pureza proletaria», Gan había rechazado algunos elementos clásicos, así como el ejemplo de los festejos de la Revolución Francesa en tanto que «depósitos de cultos ajenos».[35] No obstante, existe una conexión obvia entre el esquema de Gan y el *Proyecto de un Desfile Militar Teatral para el Congreso de la Tercera Internacional: el Final del Capital*, que sus colegas Aleksandr Vesnín, Popova y Meyerhold planeaban representar al año siguiente en el Campo de Jodinka de Moscú.[36] Lamentablemente, tampoco se llevó a cabo.[37]

Creando vínculos con artistas vanguardistas

Parece que Gan estableció sus primeros contactos con la vanguardia artística a principios de 1918, cuando el Soviet de Diputados de los Obreros, Soldados y Campesinos de Moscú (*Moskovski soviet rabochij krestianskij i krasnoarmeiskij deputatov*) lo puso al frente de las importantes colecciones de arte de Serguéi Schukin e Iván Morózov.[38] Al parecer, fue gracias a esta conexión, que se encontró por primera vez con artistas como Vladímir Tatlin, Alekséi Morgunov y Ródchenko a principios de 1918. Este último recordaba:

> Tatlin y Morgunov recibieron credenciales del Soviet de Diputados Obreros y Campesinos para negociar que se protegieran del saqueo algunas casas de propiedad privada. Para dar seguimiento a esta cuestión, fueron a ver a Gan. Ellos me llevaron a la reunión. Fue allí donde conocí a Alekséi Gan.[39]

A la sazón, Gan también trabajaba para el efímero periódico anarquista *Anarquía* (*Anarjiya*, publicado por la Federación de Grupos Anarquistas de Moscú – *Moskóvskaya federátsiya anarjícheskij grupp*) como editor de la sección de «Arte» (*Iskusstvo*), luego llamada «Trabajo creativo» (*Tvórchestvo*).[40] Su primera contribución al periódico, «La revolución y el teatro del pueblo», se publicó en el número 12.[41] Bajo su dirección, la sección de arte, que se introdujo en el número 15, se convirtió en un foro para las vanguardias y en un valioso altavoz para sus ideas.[42] Fue allí donde Tatlin, Kazimir Malévich, Ródchenko, Iván Kliun y otros publicaron textos sobre arte y la Revolución. La sección «Trabajo creativo» contiene, por tanto, algunas de las más tempranas (y más reveladoras) declaraciones de artistas y permite ver como van evolucionando sus actitudes en relación a los cambios políticos y sociales que acontecen en Rusia. El 23 de marzo de 1918, Malévich, Morgunov y Gan publicaron «El problema del arte y el papel de sus supresores», en el que atacaban el «veneno de la banalidad burguesa» y a los «sumos sacerdotes del gusto burgués», que trataban de volver a ejercer su influencia en el arte justo cuando «la democracia está creando una cultura proletaria».[43] En aquella época, Gan también hacía campaña a favor de la creación de una Casa del Arte Contemporáneo (*Dom sovreménnogo iskusstva*) tomando como base las colecciones nacionalizadas de Schukin y Morózov.[44]

Posteriormente, el periódico decidió publicar una colección aislada de ensayos a cargo de Gan, Malévich, Ródchenko y otros con el título Anarquía-Trabajo creativo (*Anarjiya-Tvórchestv*). Un anuncio del 30 de mayo de 1918 describía sus contenidos y la idea detrás de su concepción:

> Nuestro periódico no puede permitirse ofrecer más espacio a las cuestiones del arte y del trabajo creativo. Hemos decidido publicar una colección (de artículos) que tengan que ver únicamente con los problemas relacionados con la innovación destructiva y creativa de hoy en día en nuestra construcción de la cultura. El libro se divide en tres partes:
> La primera abordará la agitación; la segunda, la dinamita y la forma; la tercera, la información [...] pasando por encima de distribuidores, críticos y toda la banda de serviciales filántropos [...] Hemos decidido, como dinamita destructora, llegar al grueso de las masas con nuestras formas de innovación creativa, cueste lo que cueste.[45]

Durante el periodo inicial de la Revolución, los anarquistas apoyaron a los bolcheviques, lo mismo que Gan, así como muchas figuras creativas e intelectuales cuya lealtad primordial, en esa época, estaba ligada al anarquismo, el cual, por lo visto, no experimentaba ningún problema a la hora de forjar alianzas. Era, sin embargo, una alianza incómoda, y el 12 de abril de 1918, los bolcheviques atacaron 26 centros anarquistas de Moscú. En este punto, Gan, al parecer, permaneció dentro del ámbito anarquista, como indica un discurso público que pronunció el 7 de junio de 1918:

> A finales de este mes se publicará la primera colección «Anarquía-Trabajo creativo». Además, hemos decidido aumentar nuestra participación en encuentros con obreros y compartir con ellos nuestras ideas sobre la creación de un nuevo arte y cultura anarquista-proletarios [...]
> Recientemente hemos recibido muchas solicitudes de camaradas obreros que quieren participar en este proceso. Están acudiendo a los anarquistas porque entienden un aspecto principal de nuestro trabajo; no imponemos ningún dogma, tampoco confinamos ni restringimos el potencial creativo del individuo; en lugar de eso, ampliamos sus horizontes *ad infinitum* [...]
> Hace siete años, nuestros futuristas habían presentado ya «Una bofetada al gusto del público».[46] Estas almas desafiantes emprendieron una gran rebelión en el ámbito del arte contra el orden burgués, contra la vieja racionalidad de la arrogante pauta burguesa. Los viejos generales del arte han tenido buenas razones para acogerlos con indignación. Pero ¿por qué están ahora los señores «marxistas» y otros «socialistas» haciendo tanto ruido contra los futuristas y otros innovadores rebeldes?
> ¿No hay hipocresía oculta detrás de sus gritos?
> Sí, la hay.
> Por eso, nosotros, artistas anarquistas, nos enfrentamos con valentía a este monstruo miserable y policéfalo que son los antiguos educadores y, junto con futuristas y suprematistas, destrozamos estas nuevas prisiones de ideas podridas en las secciones de su educación jesuítica.
> Confrontamos nuestro trabajo creativo contemporáneo al viejo arte.[47]

Aunque Gan seguía siendo claramente leal al anarquismo en el verano de 1918 y empleaba un vocabulario en el que resonaban conceptos de libertad individual y de destrucción de la tradición, hacia enero de 1919 se mostraba menos beligerante y anunciaba: «Trabajo con anarquistas, maximalistas y bolcheviques».[48] De hecho, habría podido unirse al partido bolchevique hacia finales de 1918.[49] Puesto que en la primavera de 1919 estaba trabajando para el Ejército Rojo, en concreto para el Comisariado para Asuntos Militares del Distrito de Moscú como jefe del departamento de educación cultural, encargado de impartir «educación cultural y general a las tropas conforme al espíritu del comunismo».[50] Por lo visto, daba conferencias y charlas en diversos edificios (como clubes, teatros, bibliotecas) y «dentro de las unidades militares», trabajando en colaboración con organizaciones locales del Partido Comunista y el Narkompros.[51] No es de extrañar que en 1921, a finales de la Guerra Civil, cuando el anarquismo se desarticuló, Gan se adhiriese firmemente al Partido Comunista y que trabajara en varios organismos oficiales en los años posteriores.

También estuvo brevemente involucrado con el Komfut (*Kommunisty-Futuristy* – Futuristas comunistas), fundado en 1919,[52] puesto que el 13 de enero de 1921, asistió a una de sus reuniones,[53] otro intento fallido de resucitar la organización.[54]

A principios de 1919, Ósip Brik invitó a Gan a unirse al Departamento de Bellas Artes del Narkompros (*Otdel izobrazítelnij iskusstv*, IZO).[55] Parece que fue a consecuencia de esta propuesta que Gan asistió a la conferencia del museo de Petrogrado[56] y se convirtió en uno de los editores de la revista *Arte* (*Iskusstvo*). En esa época, era amigo de todo el mundo, precisamente porque no era artista sino que simpatizaba con los experimentos de las vanguardias, tenía experiencia revolucionaria y conocía bien el marxismo. Stepánova observó que era sencillo, honesto, «amaba el arte» y no se involucraba en intrigas.[57] El 11 de enero de 1919, Malévich y Ródchenko discutieron por el hecho de que la exposición póstuma de Olga Rózanova se hubiese decorado con elementos suprematistas pero Gan no tomó partido.[58] Del mismo modo, a finales de la década de 1920, siendo editor de *Arquitectura Contemporánea* (conocida como *SA* por sus siglas en ruso) publicó obras de Malévich y Ródchenko, aunque en cierta medida ocupaban posiciones rivales en esa época.[59]

En vista de las posteriores rupturas dentro de la vanguardia rusa y los conflictos que surgieron entre constructivismo y suprematismo, quizá sea importante mencionar que Gan estuvo en contacto con Malévich, incluso después de que este último se marchara a Vítebsk en noviembre de 1919.[60] Gan evidentemente valoraba la obra del artista, lo consideraba «una eminente y gran figura», así como «una persona franca y honesta».[61] En 1920, Gan organizó una exposición de Malévich en Moscú. Los textos de sala que escribió revelan que había leído el folleto de Malévich, *Del cubismo y el futurismo al suprematismo: el nuevo realismo pictórico*, puesto que en ellos explicaba el interés del artista por «el peso, la velocidad y el movimiento».[62] Al parecer, Gan reunió las piezas por sí solo y lo acusaron de no devolver las obras con prontitud.[63] En honor a la relación que les unía, Malévich hizo a Gan miembro de su grupo Unovis (*Utverditeli nóvogo iskusstva* – Afirmadores del Nuevo Arte), en Vítebsk, aunque Gan, por lo visto, declinó formar parte de él.[64] Más adelante, Malévich quiso saber cómo definiría Gan «el arte constructivo» ahora que había fundado el movimiento de los constructivistas.[65] Aunque Malévich se volvió rotundamente crítico con el constructivismo, parece que mantuvo su relación con Gan. Cuando Malévich se mudó de Vítebsk a Petrogrado (1921-1922), guardó algunas de sus obras en el estudio de Gan.[66] Por su parte, Gan continuó respetando y admirando a Malévich, reconociendo la importancia del suprematismo en la génesis del constructivismo en el manifiesto de 1922 «Quiénes somos. Manifiesto del grupo de constructivistas», escrito en colaboración con Ródchenko y Stepánova.[67] Gan permaneció leal a su viejo camarada y, a finales de la década de 1920, cuando Malévich recibía ataques por su formalismo, Gan lo apoyó publicando sus textos en la revista *SA*. También escribió un artículo sobre el inventor del suprematismo en el que enfatizaba el valor de sus experimentos abstractos para aquellos que estaban tratando de desarrollar nuevas formas en el campo de la arquitectura. Afirmó que «la novedad, la pureza y la originalidad de las composiciones abstractas suprematistas cultivarán sin duda una nueva psicología de la percepción de las masas volumétricas y espaciales».[68] Incluso más tarde, en 1929, cuando la mayor exposición retrospectiva de Malévich se inauguró en la Galería Estatal Tretiakov de Moscú, ante el silencio clamoroso de la prensa rusa, Gan escribió una reseña elogiosa, haciendo hincapié en la manera en que Malévich estaba explorando «el lenguaje de la pintura» en su obra y persiguiendo su objetivo con honestidad y dedicación.[69]

El Grupo de Constructivistas en Acción

El fuerte compromiso ideológico de Gan con la revolución, con las masas y con la construcción de la nueva forma de vida comunista se expresaba no sólo en sus actividades teatrales sino también en su creciente implicación en el arte. Estaba al corriente de los debates posrevolucionarios que ocupaban los círculos de vanguardistas acerca de: la naturaleza del nuevo arte; el deseo de los artistas de abrazar la industria, la tecnología, la ciencia y las máquinas como características principales del nuevo estado de los obreros; la noción de síntesis de las artes que se manifestaba en los bocetos de diseños que Ródchenko y otros produjeron para *Zhivskulptarj* (*Zhivopis skulptura arjitektura* – Grupo de pintura, escultura y arquitectura) y el abrumador deseo de fusionar arte y vida que se había logrado temporalmente cuando el arte había tomado las calles con los decorados y espectáculos de masas durante los festivales revolucionarios.

En enero de 1920, al parecer, Gan se embarcó en un estudio más intensivo de la historia del arte y compró a Stepánova un ejemplar de *La historia del arte ruso*, a cargo de Ígor Grabar; posteriormente leyó los textos de Mijaíl Lariónov sobre el rayonismo y los escritos suprematistas de Malévich.[70] Gan incluso se dio cuenta de que Lariónov ya hablaba de un arte no figurativo en 1913.[71] Parece ser que Gan debatía a menudo sobre temas artísticos (y de la relación del arte con la Revolución) con Ródchenko y Stepánova. A principios de enero de 1920, esta última afirma que Gan dijo: «Nuestro arte [...] no es proletario, pues no posee ninguna ideología, sino que se desarrolla únicamente en el ámbito de los logros profesionales».[72] En esa época, los tres estaban pensando en organizar «un grupo de innovadores de todo tipo de arte».[73] Quizá sea la primera vez que surgió la idea de establecer el Grupo de Constructivistas en Acción y, desde luego, la descripción que Gan hace de la génesis del grupo deja entrever la fuerte iniciativa personal que estuvo presente en su aparición.

> El artista abstracto Aleksandr Ródchenko, la pintora Várvara Stepánova (Varst) y el constructor de «Acción de masas» Alekséi Gan, tras haber examinado la situación de los objetos en el arte en relación con la revolución social y, en busca de una base social para las nuevas tendencias, decidieron que el arte debía dividirse en dos corrientes principales conforme a unos criterios fundamentales: en primer lugar, el arte continuaría la línea de la actividad especulativa del trabajo creativo estético que, como es sabido, refleja inconscientemente la realidad; y, en segundo lugar, el arte penetraría en el camino de una reconstrucción social activa y real, buscando una forma de trabajo artístico socialmente útil y significativa [...] La transición de Aleksandr Ródchenko de las composiciones planas abstractas a objetos abstractos en el espacio real, la esquematización pictórica y la mecanización de la figura humana en las obras de Várvara Stepánova y, finalmente, la construcción materialista de la cultura activa por parte de Alekséi Gan en oposición a la histeria idealista de los actores teatrales, los unió sobre la base de las tareas productivas del trabajo artístico consciente. Los primeros [Ródchenko y Stepánova], trabajando en el campo de las bellas artes, pasaron de composiciones (un signo estético) a construcciones (un principio industrial), mientras que el segundo [Gan], tras haber revelado la magia sacerdotal del encanto teatral (arte dramático), pasó a encargarse de organizar y consolidar el estilo de vida de la sociedad de los obreros (acción de masas).[74]

De hecho, tanto de un modo práctico como conceptual, la fusión que realizaba el constructivismo entre lo formal (es decir, artístico) y lo ideológico se personificó en la relación entre el ideólogo Gan y los artistas Ródchenko y Stepánova. El informe de Gan citaba el 13 de diciembre como la fecha de creación del Grupo de los Constructivistas en Acción.[75] Esa fecha probablemente corresponda a los principios informales del grupo, cuando los tres decidieron esta línea de acción, pero el grupo no se organizó de manera oficial hasta marzo de 1921 dentro del Instituto de Cultura Artística de Moscú (*Institut Judo-*

zhéstvennoi kultury – Injuk). Además de estos tres líderes, los otros miembros eran los artistas Karl Ioganson, Konstantín Medunetski y los hermanos Gueorgui y Vladímir Stenberg. Gan escribió el programa aunque no estuvo presente en el encuentro inaugural del grupo, celebrado el 18 de marzo de 1921.[76] El 28 de marzo presentó su plan de trabajo destacando que en aquel momento, los artistas estaban «trabajando en material al azar» y «con una gran estrechez de miras profesional [...] artificialmente alejados de la vida», cuando lo que deberían hacer es abordar las tareas de la cultura comunista.[77] El debate posterior revela que era él el responsable de los términos utilizados en el programa del grupo y del intento de crear una teoría coherente a partir de las vagas ideas y aspiraciones de los artistas.[78] Aunque su programa fue aceptado finalmente el 1 de abril de 1921, seguía habiendo muchas divergencias dentro del grupo sobre significados concretos y detalles específicos.[79]

El programa del grupo (o mejor dicho, de Gan) proclamaba una nueva síntesis del arte y de la industria. Afirmaba que los constructivistas querían relegar sus exploraciones puramente artísticas al papel de «trabajo de laboratorio» y ampliar sus experimentos mediante la manipulación de formas abstractas tridimensionales en el entorno real participando en la fabricación industrial de objetos útiles.[80] Llamaron a este nuevo tipo de actividad «producción intelectual», proclamando que su fundamento ideológico era el «comunismo científico, construido sobre la teoría del materialismo histórico» y que su objetivo último era «la expresión comunista de estructuras materiales», que esperaban alcanzar organizando su material de acuerdo con los tres principios de *tektonika* («tectónica», o el uso social y políticamente apropiado del material industrial), construcción (la organización de este material para un propósito determinado) y factura (el manejo y la manipulación consciente de éste).[81] Estos principios encarnaban el compromiso del artista con el comunismo, la producción industrial y la manipulación de materiales conforme a la experiencia obtenida de la creación de obras de arte.

Gan destacó cinco términos importantes en el «Programa del Grupo de Constructivistas en Acción»: la palabra constructivista, que denotaba el nuevo tipo de figura creativa; el concepto de «producción intelectual y material», que transmitía un nuevo tipo de actividad creativa (correspondiente a lo que hoy llamamos diseño) y los tres principios que regían este tipo de actividad: tectónica, factura y construcción, que constituyen la base práctica y teórica del constructivismo.

El constructivismo 1922

En 1922, Gan elaboró estas ideas en su libro *El constructivismo*[82] y dedicó gran parte del texto a esclarecer y desarrollar los principios que sustentan el enfoque de este movimiento. Si bien los términos factura y construcción estaban ya presentes en el discurso artístico contemporáneo, el término tectónica (*tektonika* en ruso) representaba un nuevo componente en la actividad creativa. Este término, el primero de los principios debatidos en el libro, fue acuñado por Gan para abarcar el *ethos* ideológico e industrial del constructivismo y encarnaba la fusión de estas inquietudes con el trabajo formal y puramente artístico que había precedido a la aparición del movimiento.

Antes de 1921, el término *tektonika* se había empleado en combinación con *arjitektonika* (similar al *architectonics* inglés y al *tektonik* alemán), que derivan del griego y que tienen que ver con la naturaleza de la armonía en la construcción de edificios. Estas cualidades también podían aplicarse a las demás artes, como se indicó cuando los artistas Aleksandr Grischenko y Aleksandr Shevchenko lo utilizaron en su declaración de 1919 acerca del «primitivismo tectónico».[83] Por supuesto, es posible que lo emplearan en el sentido de los «valores táctiles» de Heinrich Wölfflin (*tektonisch* en alemán) que, parece que se tradujo al ruso como *tektonika*.[84] Evidentemente, el uso del término en el discurso artístico no era totalmente nuevo. Aun cuando sus connotaciones estructurales pudieron motivar a Gan a adoptar la palabra, éste la desvinculó de su contexto histórico-artístico y amplió su significado para que abarcara consideraciones políticas y tecnológicas más amplias y explícitas. Igualmente se vio influenciado por el uso que tiene la palabra en el ámbito de la geografía, en el cual designa la superficie de la tierra.[85] En *El constructivismo* escribió: «Esta palabra se tomó prestada de la geología, en la que se utiliza para designar las erupciones procedentes del núcleo terrestre».[86] Esto sugería que, para él, también poseía la habilidad de cambiar la naturaleza de la actividad artística de un modo radical. Subrayó: «La tectónica es sinónimo del carácter orgánico de la explosión de la sustancia interna».[87]

Puede que la fonética de la palabra *tektónika* también inspirara a Gan, puesto que se asemeja al de las palabras rusas *tejnika* y *tejnologuia,* los términos de origen griego para técnica y tecnología respectivamente, una afinidad que confiere a *tektónika* cierto halo científico.[88] También es muy probable, como ha sugerido Kristin Romberg, que Gan empleara «tectónica» en respuesta a la manera en que Aleksandr Bodgánov había utilizado el término *tektologuiya* o tectología durante la segunda década del siglo XX para sugerir la interconexión

Художественная культура, как одна из формальных выразительниц „духовной“—не разстается с ценностями утопических и грезовых видений, и ее фабрикаторы не отказываются от **жреческих функций оформленного кликушества.**

Коммунисты Наркомпроса, ведающие делами искусства мало чем отличаются от не-коммунистов вне-Наркомпроса. Они также находятся в плену у прекрасного, как последние пленены божественным.

Передатчики и популяризаторы, соблазненные жречеством, коленопреклоненно служат прошлому, на **словах обещая будущее**. Это их толкает в сторону самых реакционных, декласированных маниаков-художников: живописи, скульптуры и архитектуры. С одной стороны они—коммунисты готовые пасть в открытом бою с капитализмом при попытке какой бы то ни было реставрации; с другой—они как консерваторы, добровольно, без боя совершают падение, молитвенно благоговея перед искусством тех самых культур, **к которым они строго относятся, помятуя теорию исторического материализма.**

Ответственные высокоавторитетные р у к о в о д и т е л и, к сожалению, сумбурно и безпринципно распоряжаются искусством не только вчерашнего дня, но и дня настоящего, и создают такие условия, при которых нет возможности коллективно и организованно поставить проблемы интеллектуально-материального производства на рельсы практического дела.

И не удивительно: они ведь плоть от плоти той самой тлетворной эстетики, против которой возстали материалисты-новаторы левого искусства.

Вот почему ведется и явно и тайно компания против „без'идейников“ и „безпредметников“. И чем содержательнее последние, чем нагляднее действительность говорит за них,—тем с меньшей разборчивостью с ними ведется борьба жрецами старого искусства.

Сейчас оффициально они—все, они задают тон и, как искусные лицедеи, гримируются под Маркса.

За ними не идет только пролетариат с его здоровым марксистским материализмом, но за то с ними многомиллионная масса: интеллигенты, агностики, спиритуалисты, мистики, эмпириокритики, эмпириомонисты, эклектики и прочие падагрики и паралитики.

Вот кто является ныне защитником

художественных ценностей

от имени коммунизма.

entre diferentes esferas científicas.[89] Asimismo, Gan estaba familiarizado con los escritos de Bogdánov que citó extensamente en *El constructivismo* y empleaba *tektonika* para designar la fusión de varias áreas de actividad, de un modo muy parecido al que Bogdánov había empleado *tektologuiya*.

Dejando de lado el origen de *tektónika*, Gan imbuyó a la palabra de una resonancia ideológica muy específica. La definió así: «La tectónica, o el estilo tectónico, está orgánicamente forjada a partir de los principios ideológicos del comunismo, por un lado, y del uso apropiado de los materiales industriales, por otro».[90] En otras palabras, tectónica representaba la forma en que los requisitos del comunismo, el proceso industrial y las exigencias de utilidad práctica debían tomarse en cuenta durante el proceso de diseño. En este sentido, fue fundamental para el constructivismo. Gan destacó:

> La tectónica, como disciplina, debe llevar en la práctica a los constructivistas hacia la síntesis de un nuevo contenido y de una nueva forma. [El constructivista] debe tener una cultura marxista y, eliminando por completo el arte, ha recuperado el control del material industrial. La tectónica es la estrella que los guía, el cerebro de su actividad y su práctica. El constructivismo sin tectónica es como una pintura sin color.[91]

Para Gan, la tectónica denotaba el proceso de sintetizar la experiencia artística con los principios del comunismo, las necesidades de la sociedad y los requisitos prácticos de la producción a gran escala en fábricas. Era una disciplina exigente. No sorprende que Stepánova, como constructivista practicante, lo definiera en términos más pragmáticos y menos ideológicos. «Cuando el elemento estático de un objeto es sustituido por el propósito (una utilidad práctica), la acción y la dinámica, esto es tectónica».[92]

El segundo principio, factura, al parecer, fue introducido en el discurso artístico ruso por David Burliuk en 1912, como equivalente ruso del término francés *facture*, que denota la textura de una superficie pintada.[93] Burliuk lo empleó exclusivamente en relación con la pintura y en concreto con el cubismo, refiriéndose al olor de la superficie pintada, las asociaciones sensuales que generaba (como un elemento de sinestesia) y sus cualidades táctiles (brillante y mate, liso o áspero, como el metal, el vidrio o la tela, etc.) y, que actuaba así como puente entre la pintura y la escultura.[94] Factura, sin embargo, se amplió enseguida para incluir infinitas variaciones según las cuales las propiedades y superficies de todo tipo de materiales, no simplemente los pigmentos, eran manipuladas y explotadas por artistas. En 1914, Vladímir Markov (Voldemārs Matvejs) exploró con minucioso detalle las ramificaciones prácticas y filosóficas del término en relación con varios fenómenos que incluyen la escultura, la arquitectura y la pintura de iconos, así como la naturaleza y la máquina.[95] Factura designaba la manera en que los materiales se convertían en componentes expresivos importantes de la obra de arte, como sucede en *Negro sobre negro* de Ródckenko (1919, Museo de Arte Moderno, Nueva York), en que el artista utilizó asfalto en lugar de pigmentos tradicionales con el fin de crear un tipo de textura pictórica muy diferente, y una que relacionaba la pintura directamente con el mundo externo de la edificación y la construcción.[96] Igualmente, la factura es una parte fundamental del tipo de ensamblaje de cuerda, alambre, cristal, yeso, madera y metal que Tatlin había comenzado a producir en 1914 y que había mostrado por primera vez en su estudio en mayo de aquel año.[97] En su *Modelo para un monumento a la Tercera Internacional* (1920, exhibido en Moscú en la primavera de 1921), la suavidad y la fuerza del metal expresaba no sólo la sensibilidad individual del artista sino también el poder y la voluntad colectiva del proletariado industrial, mientras que el vidrio comunicaba la transparencia y la accesibilidad de la nueva forma de gobierno para todos.[98] En muchos sentidos, el significado que Gan dio a factura como «la elección consciente del material y su empleo adecuado sin interrumpir la dinámica de la construcción o limitar su tectónica» correspondía directamente al ejemplo práctico del monumento de Tatlin y la identificación entre el proletariado y la máquina que celebraba.[99]

El tercer principio era «construcción». El sustantivo *konstruktsia* (construcción), del latín *constructio*, estaba bien establecido en el uso de la lengua rusa a finales del siglo XIX. Como su equivalente castellano, podría utilizarse de manera metafórica para describir la estructura del lenguaje o de la sociedad, aunque adquirió también connotaciones relacionadas con la ingeniería, refiriéndose a la construcción de edificios, de estructuras tecnológicas o de máquinas.[100] Hacia 1912 el uso de este concepto también se había establecido en el discurso artístico, los cubistas parisinos Albert Gleizes y Jean Metzinger se referían ya a la pintura en estos términos, «componer, construir y diseñar se reduce a esto: determinar por nuestra propia actividad el dinamismo de la forma».[101] Ese mismo año, Markov adoptó el término «constructividad» (*konstruktivnost*) refiriéndose al aspecto racional y lógico del arte.[102] A principios de 1919, el artista Iván Puni empleó *konstruktsia* en un sentido estrictamente técnico cuando argumentó que los artistas no deberían involucrarse en la producción industrial: «¿Cuáles son los principios de una construcción industrial contemporánea?», se preguntaba y

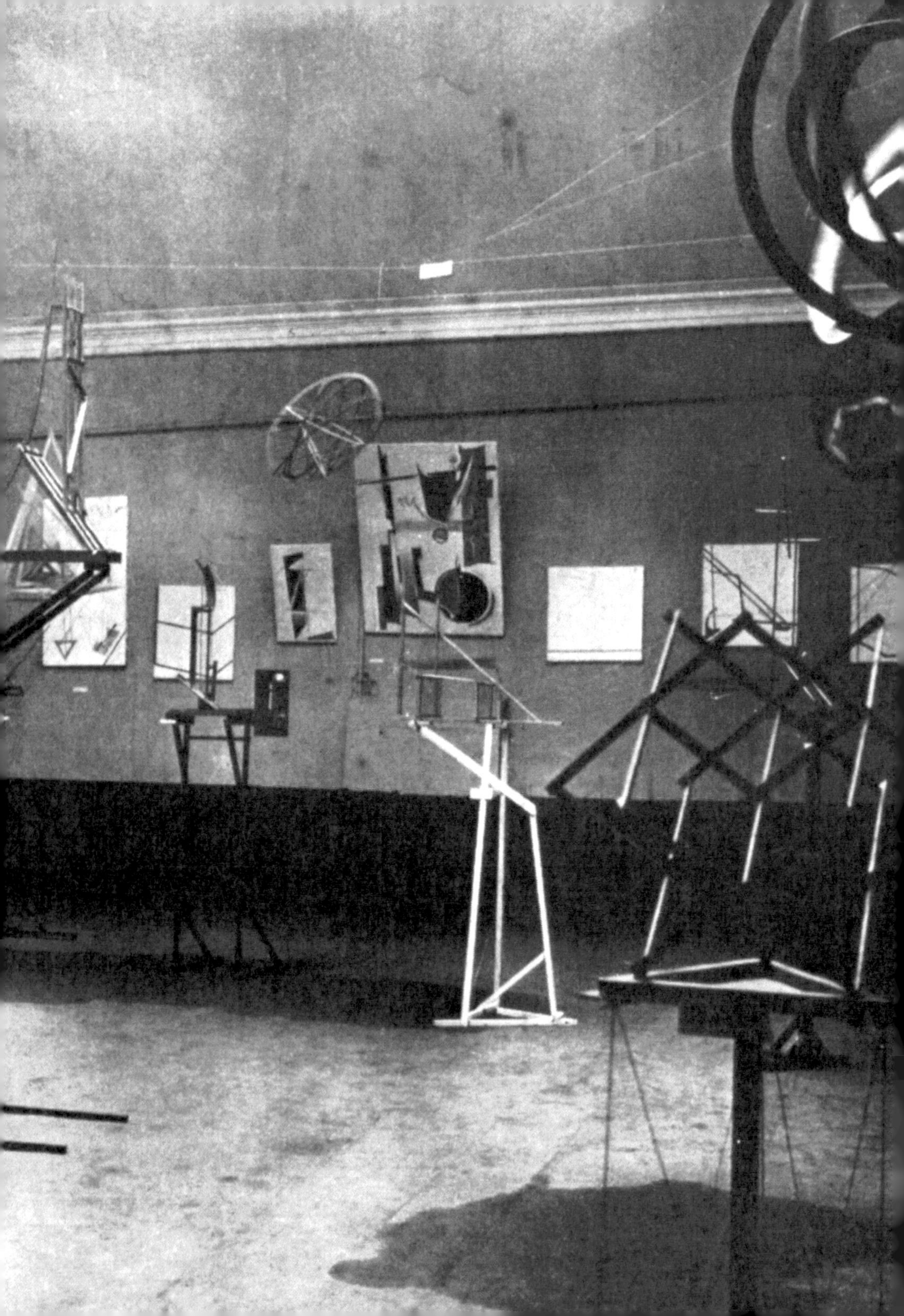

respondió: «Su principio es la máxima utilidad [...] un artista no tiene derecho a interferir en la construcción de un objeto, porque un objeto simplemente no será constructivo (*konstruktivno*) si está construido según los dos principios (rivales) de utilidad y estética».[103]

En efecto, fue precisamente por el hecho de que *konstruktsia* tenía estas connotaciones que los términos «constructor» (*konstruktor*) y «artista-constructor» (*judozhnik-konstruktor*) aparecieron por primera vez en el contexto artístico para equiparar al productor de arte con un obrero de la industria. En 1918, cuando la vanguardia discutía sobre la naturaleza del arte en el nuevo estado obrero, se desarrolló la idea de que, dado que el proletariado era el producto de la industria avanzada, el arte mismo debía acoger plenamente a la máquina y a la cultura industrial y el artista debía convertirse en «un constructor y un técnico».[104]

La adopción del término *konstruktsia* para describir las obras de arte ocurre en paralelo o poco después de que se acuñé la palabra *postroenie*, derivada de la antigua raíz del ruso *stroi* (edificio, estructura o construcción). Esta nueva palabra tuvo también un amplio uso en el lenguaje común, abarcaba la construcción de estructuras, la construcción de figuras geométricas, estructuras del lenguaje y del pensamiento e incluso la construcción de una sociedad socialista.[105] En 1919 Popova se refirió a la estructura pictórica como *postroenie*, aunque aludía a la fuerza de la construcción pictórica como *sili konstruktsi*.[106] Del mismo modo, en 1918 Ródchenko utilizó la frase «la estructura severa, estática, de planos de colores» (*strogoe, nepodvizhnoe postroenie tsvetovyj ploskostei*) para describir sus cuadros.[107] Hacia 1920, usaba el título *konstruktsia* para obras que consistían en configuraciones simples o complejas de líneas rectas sobre superficies planas, en las que una precisión mecánica en la articulación de la superficie y la construcción lineal subrayaban la calidad impersonal y analítica del proceso pictórico.[108]

También la utilizó para describir los diversos bocetos arquitectónicos que hizo para *Zhivskulptarj* y, por último, para las estructuras tridimensionales que hizo entre 1920 y 1921 y expuso en mayo de 1921 (p. xxxii). Durante los debates Composición-Construcción en el seno del Injuk en el invierno y principios de la primavera de 1920-1921, llegó a la conclusión de que «los nuevos enfoques del arte surgen de la tecnología y de la ingeniería y avanzan hacia la organización y construcción» y «la auténtica construcción es una necesidad utilitaria».[109]

Estos tres principios (tectónica, factura y construcción) son los pilares del nuevo tipo de arte, descrito como «producción material e intelectual», un término que, al parecer, emergió de los debates respecto a la cultura proletaria, que dominaron el periodo posrevolucionario. El propio Gan lo relacionó con la declaración de la facción comunista en el primer Congreso Panruso de Teatros Campesinos y Obreros el 28 de diciembre de 1920. Según Gan, esta declaración enfatizaba que «después de que la Revolución de Octubre aplastara a los enemigos perpetuos de los trabajadores y nos liberara de la esclavitud política y la explotación económica, nos enfrentamos a una nueva tarea: deshacernos del cautiverio espiritual (prisión) del viejo mundo y consagrarnos a la creación de los valores intelectuales y materiales (*intellektualno-materialnie*) de la cultura proletaria a través de los cuales avanzaremos hacia la creación de una cultura humana universal».[110]

El libro de Gan, *El constructivismo*, era un intento de explicar, aclarar, justificar y promover este nuevo enfoque creativo. El programa anterior había subrayado la necesidad de difundir los principios constructivistas para asegurar la financiación pública, desarrollando estrategias tales como la organización de exposiciones (por ejemplo, la de mayo de 1921), la publicación de una revista semanal, *El heraldo de la producción intelectual* (*Véstnik intellektualnogo proizvodstva*), así como la publicación de «folletos y trípticos sobre los problemas relacionados con las actividades del grupo».[111] *El constructivismo* era claramente un elemento que formaba parte de estrategia. A lo largo del texto, Gan destacó la naturaleza ideológica del constructivismo, sus credenciales políticas y su relación con el marxismo, llegando Incluso a empezar su escrito con un extracto del *Manifiesto comunista* de 1848.

En la primera mitad del libro se esforzó en situar la aparición del constructivismo en un contexto histórico, delineando la historia del arte en general y su relación con la sociedad, sosteniendo que el constructivismo era el resultado inevitable del progreso económico y social, igual que lo era el marxismo. En este sentido, el libro de Gan fue claramente concebido como parte de la campaña del grupo para asegurar el apoyo del Partido Comunista en el poder. El elemento principal de su argumento era que el constructivismo representaba la única tendencia creativa realmente revolucionaria y, por tanto, sólo él debía ser adoptado como la estética oficial del nuevo Estado. Las apasionadas peticiones de Gan para obtener financiación venían acompañadas de imprudentes críticas a la política que el Partido desempeñaba en el ámbito de las artes, tildándola duramente de reaccionaria y contrarrevolucionaria.

Así, parece lógico que el oficialismo no estuviera convencido de brindar su apoyo al constructivismo.

Es típico del enfoque de Gan, sin embargo, que su exposición teórica del constructivismo estuviera estrechamente relacionada con el pensamiento estratégico. También es característico que el libro mismo, en su forma material, fuera un objeto de agitación que anunciara visualmente el nuevo enfoque y sirviera como base para el diseño gráfico constructivista, con su atrevido uso de las líneas, las diferentes tipografías, el uso innovador del espaciado y la presentación de consignas, lanzadas en diagonal a través de la página como banderas en un festival revolucionario. Mientras que la presentación de los principios constructivistas en el diseño de las páginas del libro reforzaba la exposición detallada de los mismos en las páginas interiores, tales recursos también producían «el máximo efecto artístico y social», transmitiendo el mensaje esencial incluso al lector ocasional que se limitara a hojear el libro.[112] De hecho, Gan no se hacía ilusiones de que la gente fuera a leer necesariamente cada palabra y explicaba que a la hora de diseñar un libro «es esencial tener en cuenta la psicología del lector que dista mucho de estar siempre leyendo un libro, pero que frecuentemente lo mira y lo hojea».[113]

Expandiendo el constructivismo: *Kinó-Fot*

Incluso antes de que se publicara *El constructivismo*, Gan había iniciado el proceso de difundir sus planteamientos al ámbito del cine y de la fotografía con su revista *Kinó-Fot* (6 números entre el 25 de agosto de 1922 y el 8 de enero de 1923), subtitulada «Diario de Cinematografía y Fotografía»[114] y, posteriormente, con su pequeño libro *¡Viva la demostración de la vida!* de 1923 (p. XXXIV).[115] En ninguna de estas publicaciones se mencionaba el término constructivismo, pero la conexión de *Kinó-Fot* con el constructivismo estaba visualmente implícita en sus páginas, profusamente ilustradas con reproducciones de obras de Ródchenko y Stepánova, incluyendo imágenes de las construcciones que éste había expuesto en mayo de 1921 en la sección constructivista de la exposición de la OBMOJU (*Óbschestvo molodyjjudozhnikov* – Sociedad de Jóvenes Artistas, p. XXXII).[116] El tercer número de la revista era todavía más explícito al incluir diez dibujos que Stepánova había hecho de Charlie Chaplin, uno de los cuales apareció en portada (ver guarda).[117] El hecho de que Ródchenko y Stepánova diseñaran las cubiertas refuerza la conexión entre la nueva revista y el constructivismo.

АЛЕКСЕЙ ГАН.

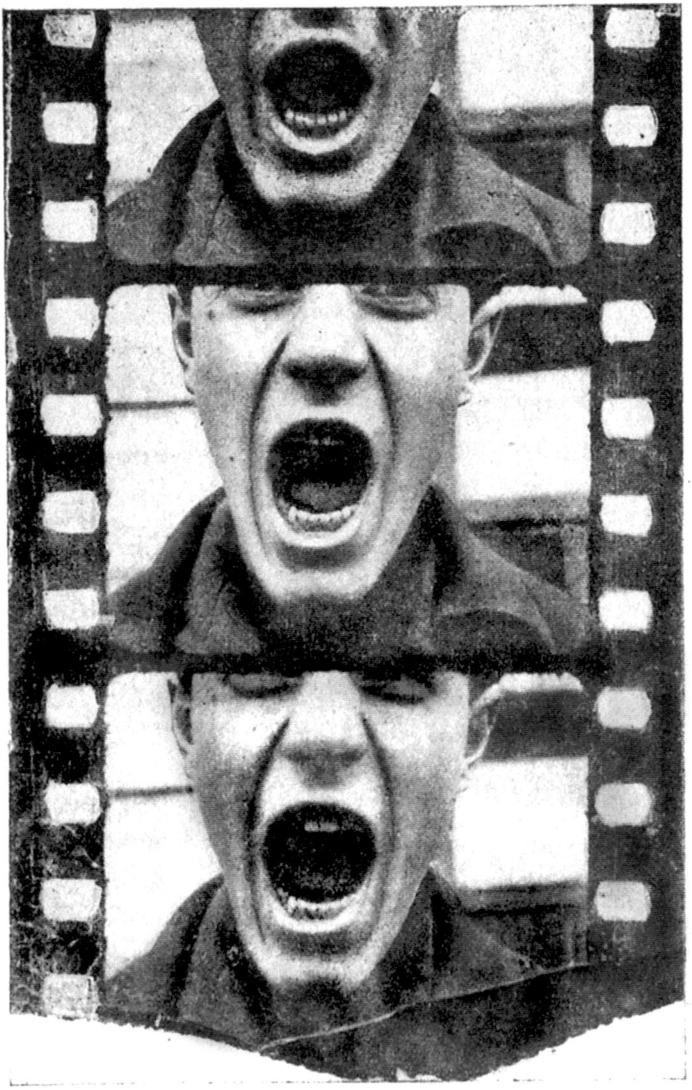

ДА ЗДРАВСТВУЕТ ДЕМОНСТРАЦИЯ БЫТА!

En *Kinó-Fot* y *¡Viva la demostración de la vida!*, Gan vinculó las ideas de los constructivistas con la teoría y la práctica emergentes del cine de vanguardia. Al conectar el constructivismo con ese nuevo medio dinámico, Gan amplió las perspectivas del movimiento más allá de los confines del arte y del diseño, brindando y promoviendo una amplia visión del enfoque constructivista que abarcara todos los aspectos de la actividad creativa. Era una visión ambiciosa que ejemplifica las aspiraciones revolucionarias de fusionar arte y vida y utilizar la creatividad para promover la realización de una sociedad comunista.

En *Kinó-Fot,* Gan propuso la idea de que el cine (y por extensión la fotografía estática, que también se producía mecánicamente) debería remplazar a las bellas artes, tales como la pintura y la escultura y asumir el rol social y psicológico de satisfacer las necesidades emocionales del hombre. El editorial de Gan en el primer número de la revista declaraba:

> Y todo lo que previamente se había hecho de forma *amateur* mediante las artes de la pintura, el sonido y el movimiento con el objetivo de organizar nuestras emociones, ahora lo hacen automáticamente los órganos ampliados de la sociedad mediante la tecnología y, en este caso específico, el cine. El cine como aparato de trabajo por excelencia de la tecnología social, como «órgano» ampliado de la sociedad, es una cuestión para el Estado proletario.[118]

En efecto, esto representaba una modificación leve, pero importante, de la postura de Gan. El eslogan de 1921 «Muerte al arte» se convirtió en «El nuevo arte proletario es el cine y la fotografía». En *El constructivismo* Gan destacó que «la pintura no puede competir con [...] la fotografía».[120]

De hecho, Gan fue uno de los primeros teóricos en reconocer la importancia de la fotografía y el cine y su inmenso potencial estético. Gan deseaba que la fotografía y el cine sustituyeran a la pintura asegurándose así que este género obsoleto no reviviría. También estaba indudablemente influido por la importancia que Lenin y el Partido atribuían al cine y a las películas. En 1919, Anatoli Lunacharski, Comisario del Pueblo para la Instrucción Pública, había destacado el poder que tienen las películas para divulgar ideas, emocionar y convertirse en un instrumento propagandístico.[121] Tales ideas fueron encumbradas en la Directiva para los asuntos cinematográficos de Lenin, que se convirtió en ley el 17 de enero de 1922, sólo seis meses antes de que Gan publicara su declaración en *Kinó-Fot*. El líder bolchevique había pretendido crear una industria

счетов и экспериментальных работ изучаем человеческое тело, как механизм и не только потому, что мы эстетически любим машины, а потому, что человеческое тело действительно—механизм. Мы строим новую кинематографическую армию убийц Руничей, Стрижевских, Максимовых и прочих «кино-героев». И Чарли Чаплин наш первый учитель. То, что он процветает и то, что он могуч, это—лучшее доказательство правильности нашей линии, которую Чарли Чаплин интуитивно угадал, потому что он талантливый человек.

Нам некогда взвешивать свою одаренность, мы не знаем, талантливые ли мы люди, но мы знаем ценность точного расчета в кинематографической работе и необходимость зас‘емки настоящих людей, а не «холодных» маринадов из «Стрижевщины», «Максимовщины» тож. И поэтому мы все любим Чаплина, ибо он нам близок, понятен и дорог.

ЛЕВ КУЛЕШОВ.

ШАРЛО.

— Он никого не изображает,

— Ничего не переживает,

— Редко меняет костюмы,

— Не делает грима,

— Всегда остается самим собой, ни над кем не издевается.

Он просто умеет показывать самого себя настолько полно и нагло, что действует на зрителя больше других.

Рис. Степановой.

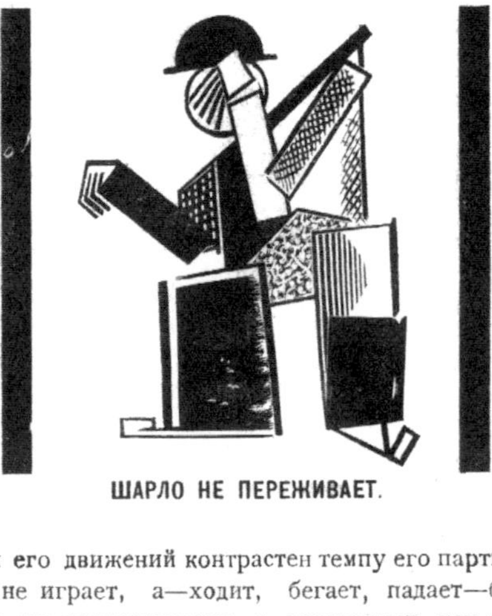

ШАРЛО НЕ ПЕРЕЖИВАЕТ.

Темп его движений контрастен темпу его партнера. Он не играет, а—ходит, бегает, падает—берет вещи, их разворачивает и показывает, как показывает и разворачивает самого себя.

У него нет пафоса, нет монументальности—в этом его ценность современности, он моментален.

Рис. Степановой.

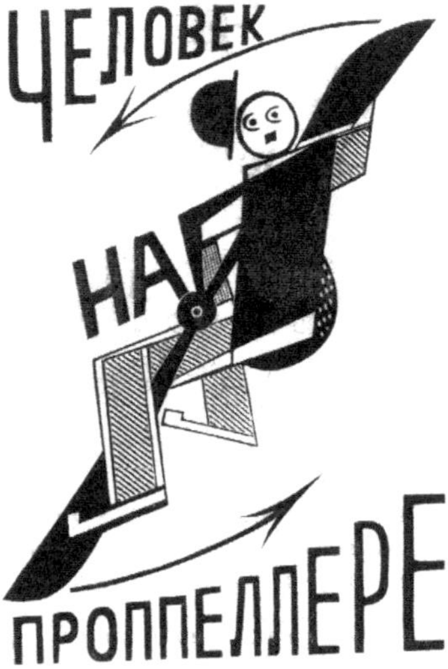

Ему не надо старой мишуры сцены—декораций, и новой мишуры—эклектического всеобщего конструктивизма наших монументальников с их богами: динамо, аэро, радио-станций, под‘емных кранов и прочего.

Он—Чарли Чаплин—может показать все, что нужно на своем котелке и палке.

ЧАРЛИ ЧАПЛИН

был в цирке и знает, что вещи должны быть или меньше, или больше человека, что около горы или дирижабля человек ничтожество, но у винта и одной плоскости мастер ее.

Его колоссальный под‘ем в точности и четкости—результат острого отношения к современности—войне, революции, коммунизму.

Каждый мастер-изобретатель возбуждается на выдумку новым событием или потребностью.

КТО СЕГОДНЯ? | Ленин и техника

— то и другое он принимает за основу работы.

Рис. Степановой.

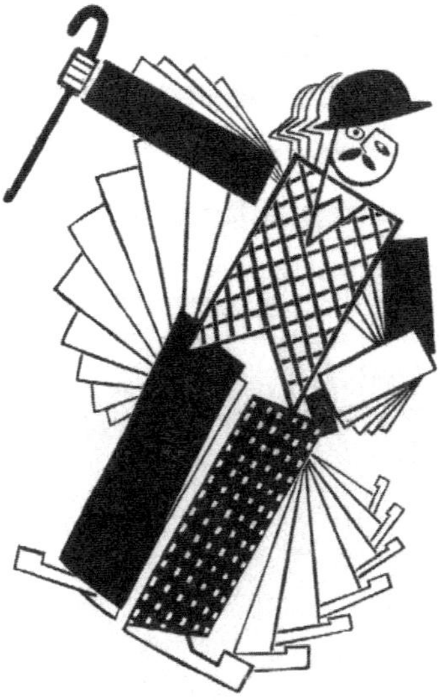

потеряли цену себе, цену взмаха руки. Опоенные идеологией прекрасного, они не знают чистоты

надевания котелка —

походки человека

они узнали,

ЧТО ПРОСТО НИЧЕГО—ОБЫЧНОСТЬ, СТОИТ ВЫШЕ НАПЫЩЕННОСТИ и ЗАПУТАННОСТИ УМОЗРИТЕЛЬНЫХ ИДЕОЛОГИЙ.

Шарло всегда сам,—и только обыкновенный Чарли Чаплин. —

РОДЧЕНКО.

Так оформляется новый человек—мастер деталей т. е. будущий всякий человек.

Это сегодня—художник и актер Чарли Чаплин—мастер деталей.

МАСТЕР МАСС—

Ленин	и	Эдиссон
коммунизм	и	техника.

ЗАЧЕМ ОН НУЖЕН —

ЯСНО:

500.000.000 человек

Рис. Степановой.

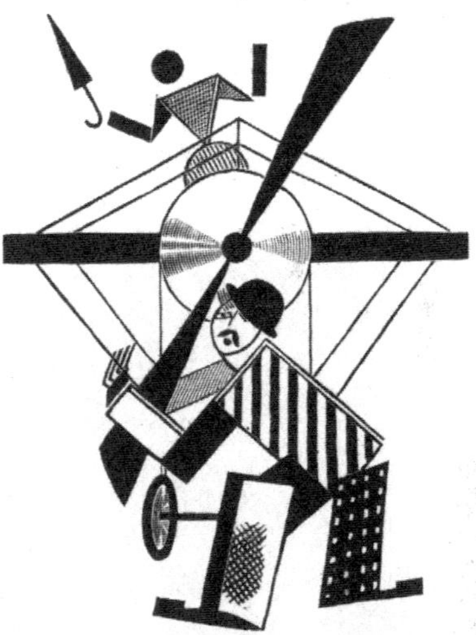

cinematográfica soviética que inculcase con eficacia valores comunistas a través de noticieros y películas propagandísticas. La directiva también había abrazado la fotografía, estipulando que «las fotografías de interés propagandístico debían mostrarse con los títulos apropiados».[122]

La reivindicación de Gan acerca de la relevancia y el significado de la fotografía como medio de propaganda e instrumento ideológico quizá contribuyera a alentar la notoriedad que alcanzó la fotografía en la actividad de constructivistas como Ródchenko durante la década de 1920.[123] A pesar del importante paso teórico de Gan y el énfasis dual del título de la revista, *Kinó-Fot* contenía en realidad pocos artículos relacionados con la fotografía, alguna información sobre inventos relevantes, tales como una máquina para revelar y el potencial creativo de los rayos ultravioletas, junto con una pequeña cantidad de reproducciones, principalmente fotogramas de películas. El cine predominaba en la publicación. Claramente, esto era porque para Gan el cine innovador y su metodología podían proporcionar pautas importantes para la fotografía constructivista y el fotomontaje. De hecho, en la revista se publicaron algunos de los primeros fotomontajes de Ródchenko, con comentarios.[124] Esto marcó el primer compromiso del artista y del constructivismo con el fotomontaje y de un modo significativo la revista presentó la innovadora técnica, firmemente enmarcada en la vanguardia de la teoría y la práctica cinematográfica.

El interés de Gan por el cine estaba indudablemente relacionado con sus amplias actividades culturales, pero probablemente también lo potenciara Esfir Shub, su mujer. En 1922 ésta, se afilió al Comité Estatal para la Cinematografía en la Unión Soviética (*Gosudárstvenni komitet po kinematografi SSSR* – Goskino), en el cual editaba películas para personalidades como Serguéi Eisenstein. En 1927 completó el montaje de su propia película: *La caída de la dinastía Romanov* considerada una obra maestra del montaje cinematográfico.[125] Galina Chichagova recordaba: «Gan vivía en el nº 39 de Starokoniushenni pereulok. Por consiguiente, allí, en aquella casa, conocimos a Esfir Shub, Serguéi Eisenstein, Dziga Vértov y otros. Allí también nos encontramos para reuniones del grupo constructivista».[126] En realidad, *Kinó-Fot* no fue publicada por ninguna organización oficial del Estado sino independientemente por el propio Gan, con ayuda de sus colegas.[127] Su oficina editorial era la casa donde Gan vivía. Como editor y corrector tenía un control total, asegurándose ayuda, apoyo y contribuciones de colegas, como del poeta Vladímir Mayakovski, los cineastas Lev Kuleshov y Vértov, el crítico teatral Nikolai Forreger y, el crítico de arte y teórico Borís Arvatov.

El principal campo de interés de *Kinó-Fot* era el cine y durante un tiempo fue la publicación profesional de la industria. Su cobertura era extensa e incluía información acerca de inventos y novedades occidentales, las actividades de Thomas Edison, las aventuras de Harry Piel, organizaciones rusas, escuelas y guiones. Y lo que es más importante, quizás, *Kinó-Fot* también sirvió como foro para nuevas ideas en cuanto a la realización de películas. El primer número contenía declaraciones de dos de los innovadores más destacados. «Nosotros: variante de un manifiesto» de Vértov y «Arte, vida contemporánea y CINEMATOGRAFÍA» de Kuleshov.[128] Aunque existían diferencias entre los dos cineastas, les unía el rechazo al elemento teatral convencional de las películas comerciales y compartían el firme compromiso de producir un nuevo cine soviético basado en los principios del montaje en el que veían reflejada la realidad esencial del Estado proletario.[129] Gan se mostraba a todas luces entusiasmado con el trabajo de Vértov y admiraba especialmente el número 13 de *Kinó-Pravda* que consideraba «puro montaje» y la quintaesencia de los «intentos exitosos de unir varios temas en un todo único, propagandístico» de Vértov.[130] Ródchenko había producido los intertítulos de la película y Gan los reprodujo en *Kinó-Fot* (pp. XLII-XLIII).[131]

Gan también publicó un artículo sobre Viking Eggeling, el pionero noruego del cine abstracto,[132] que había aparecido unos meses antes en la revista *Objeto* (*Vesch/Gegenstand/Objet*) editada por El Lissitzky e Ilyá Ehrenburg en Berlín.[133] De hecho, Gan reprodujo uno de los dibujos de Eggeling de *Objeto,* incluso duplicando la atribución equivocada a «Richard Eggeling».[134] Es fácil imaginar que Gan quedara impresionado por las cualidades dinámicas de la propuesta de Eggeling, su originalidad, su rechazo del cine narrativo e «interpretado», así como el modo en que sugería una síntesis entre arte y cine que serviría de alternativa viable a la pintura de caballete. Sin embargo, su orientación categóricamente estética y su falta de contenido ideológico debieron parecerle menos atractivas. En *El constructivismo* Gan había condenado a los editores de *Objeto* (*Veshch/Gegenstand/Objet*) precisamente por este fallo, por su incapacidad de «romper con el arte».[135] Es incluso posible que Gan concibiera *Kinó-Fot* como un desafío dinámico a sus colegas occidentales y un modelo del nuevo tipo de arte que se necesitaba en el estado comunista.

Р. С. Ф. С. Р

КИНО ПРАВДА

Тринадцатый опыт.

Тринадцатый номер Кино-Правды следует рассматривать, как тринадцатый опыт В. Ф. К. О. в кино-производстве.

Мы всегда говорили, что основная задача советской кинематографии, задача государства, которое находится в крепких руках рабочих и крестьян—задача фиксации революционного быта на экране.

Кинематограф проклятого капитализма,—кинематограф пахабного торга—идущий навстречу обывательскому удовлетворению, — кинематограф не наш и он нам не нужен.

Кинематография молодая и революционная,—об'ективно отражающая день за днем происходящее—нам необходима и мы только в этом плане должны работать.

Создать „Кино-Газету", „Кино-Журнал" в общем и целом „Кино-Слово" для масс — дело не легкое.

Уж больно замаран экран искусством.

Так называемые художественные постановки изуродовали почти весь людской кино-штат.

С этим штатом старых кино-спецев нужного не выполнишь.

Вот почему мы так горячо приветствуем молодую силу, свежего работника, который не зацапан потными руками прекрасного.

Работа Дзиги Вертова идет как бы по дву основным направлениям.

Попытки чистого монтажа (в №№ 5 и 6) почт осуществленные в десятой „Кино-Правде", и по пытки об'единения разных сюжетов о одно агита ционное целое.

Последнее особенно удачно в тринадцатом но мере, где даже надписи удалось конструктивист Родченко подать как сюжет.

Например:

ЛЕНИН

Во весь экран.

Экранное слово.

Говорящий кинематограф киноматографиче ским языком.

Надпись как электрический шнур, как проводник, ерез который питается экран светящейся действенностью.

И мы все—видим в фокусе, как жили и живут улицы, площади, витрины, плакаты...

и слышим как они—

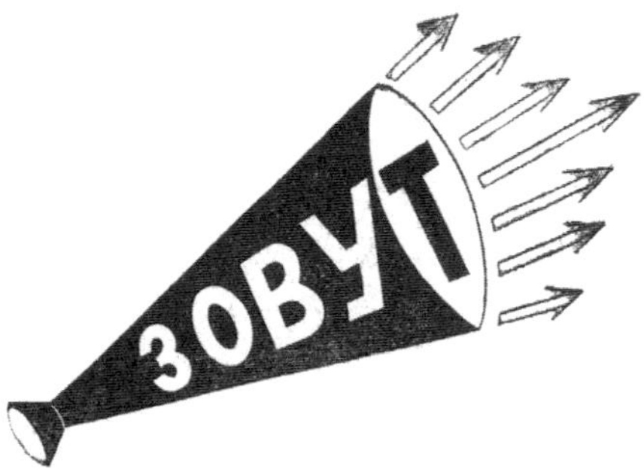

Всех, всех, всех!

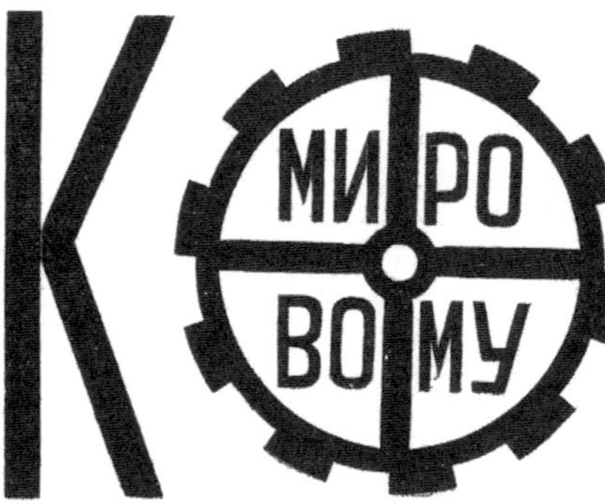

к пролетарскому

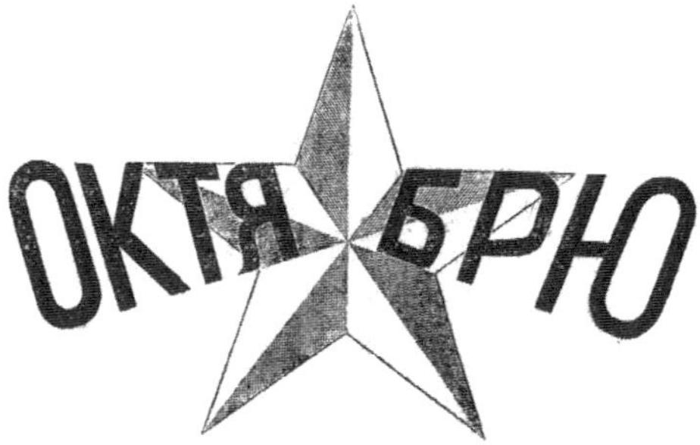

И мы видим аэропланы и одновременно смотрим с них вниз на землю, а земля бежит, несутся в новом плане улицы, дома, газеты и четкая с пространственным смыслом и временным тактом слова товарища Троцкого:

„Мы существуем, а они нас не замечают".

„Мы боримся", и боримся не на жизнь, а на смерть и не скрываем ничего.

Гробы в Астрахани, лопаты засыпающие тела наших погибших героев в Кронштате, склоненные знамена в момент погребения в Минске. Мы снимаем головные уборы. Это делают москвичи на набережной Москвы-реки.

Снова знамена врост и люди стремительно идут но Красную площадь.

Портрет рабочего Барболина, убитого в 1917 году.

Наплывает плакат

„Слава борцам".

А дальше разворачивается в спокойном монтаже: наши завоевания наша победа и наше неколебимое равнение на машину.

Да, великое дело кинематография!

Хороша тринадцатая Кино-Правда.

А. Г.

Натура Кино-Правды

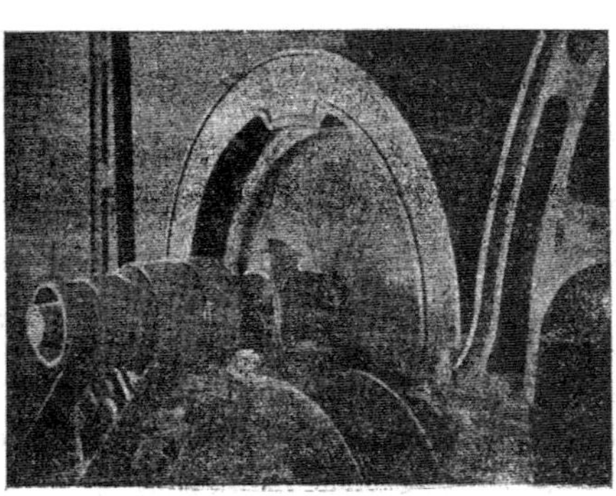

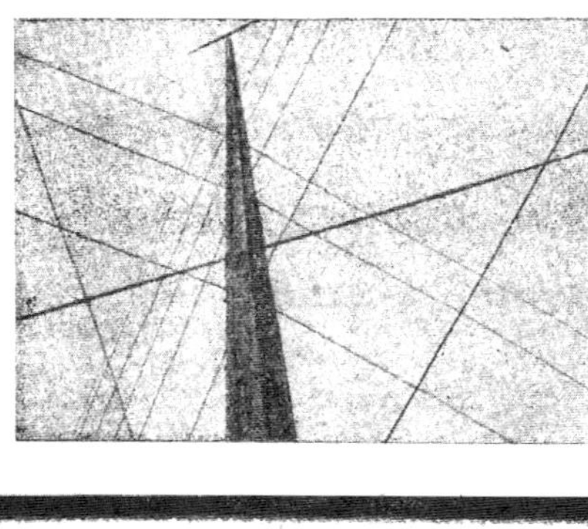

СА 3

СОВРЕМЕННАЯ
АРХИТЕКТУРА
ARCHITEKTUR
DERGEGENWART
L'ARCHITECTURE
CONTEMPORAINE

1928

ГЛАВНОЕ УПРАВЛЕНИЕ НАУЧНЫМИ УЧРЕЖДЕНИЯМИ ■ ГОСУДАРСТВЕННОЕ ИЗДАТЕЛЬ

Constructivismo y arquitectura: *Sovreménnaia arjitektura* – *SA*

Además de abrazar la teoría y la práctica del cine de vanguardia (incluido el montaje), vinculándolos con el constructivismo, Gan también promovió y contribuyó a la aparición de una teoría de la arquitectura constructivista. En efecto, Gan fue uno de los primeros en empezar a «repensar la ciudad como un agente político activo en términos marxistas».[136] En *El constructivismo* había escrito sobre arquitectura subrayando la necesidad de desechar los edificios y principios organizativos de la vieja ciudad capitalista porque estaban enraizados en la vida social y económica del pasado. Sostenía que no sólo eran inadecuados sino decididamente dañinos y «fieles aliados de la contrarrevolución»[137] porque en realidad impedían la reorganización de la ciudad que fomentaría el desarrollo del comunismo. Una de las tareas del constructivismo, por tanto, era «desmantelar la ciudad burguesa»;[138] otra era desarrollar un nuevo tipo de arquitectura y de organización urbana que impulsara el estilo de vida comunista. Gan insistió en la necesidad de desarrollar nuevas formas arquitectónicas para contribuir a la creación del comunismo. La gran pregunta era qué forma debía adoptar la nueva arquitectura y la reorganización urbana. Gan sostenía que el comunismo era dinámico, que estaba en proceso de establecerse y que, por tanto, la sociedad rusa contemporánea se hallaba en un estado de transición, de modo que el nuevo espacio construido debía tener en cuenta esa situación y ser flexible, para que los nuevos edificios alentaran a la sociedad hacia el comunismo y no impidieran su futuro desarrollo. Escribió al respecto:

> Es necesario que aprendamos a construir de manera que la dinámica del objeto producido no sea una dinámica abstracta e ilusoria, desde el punto de vista de la impresión visual, sino la auténtica dinámica de un movimiento concreto.
> ¿Qué significa esto?
> Significa que si hoy el comunismo requiere un edificio, se debe construir sin olvidar que mañana exigirá una nueva forma y que ésta deberá adaptarse de manera que la forma anterior no sea suprimida sino que pueda ser completada y que ésta a su vez, pueda acomodarse a una exigencia posterior.[139]

En su tratado *El constructivismo* y en un pequeño artículo titulado «La ciudad comunista»,[140] Gan había expuesto la base ideológica para el constructivismo en la arquitectura, destacando el papel social de la arquitectura y del urbanismo en la realización del comunismo. En *El constructivismo*, Gan también había brindado una explicación clara de los principios constructivistas. Sin embargo, él no era arquitecto; fueron Moiséi Guinzburg y Aleksandr Vesnín quienes emprendieron la tarea de aplicar estas ideas al proceso del diseño arquitectónico. El propio tratado de Guinzburg, *Estilo y época* (1924) elaboraba los preceptos de Gan, situándolos en el contexto arquitectónico, especialmente aquellos que guardaban relación con la ideología, la función y la tecnología. Entre sus ilustraciones de estructuras que señalan hacia un nuevo enfoque estaba el quiosco de libros de Gan (p. LXII).[141] Al año siguiente, Guinzburg y Vesnín fundaron la OSA (*Obedinenie sovreménnij arjitéktorov* – Asociación de Arquitectos Contemporáneos) que, de acuerdo con la oposición de Gan a la actividad especulativa del arte, descartó la idea de estilo arquitectónico y se centró en el desarrollo del método funcional. Conforme a esto, la forma de un edificio surgiría de definir los espacios funcionales requeridos para cumplir con su finalidad.

En 1926, Gan se unió al consejo de redacción de la revista de la asociación *SA* (*Sovreménnaia arjitektura*, Arquitectura contemporánea, 1926-1930) y entre 1926 y 1928 fue el encargado de diseñar las cubiertas y la maqueta (pp. XLIV, XLVIII-XLIX, LIV-LV, LVIII-LIX y solapa posterior).[142] Dado que gran parte del material consistía en planos y elevaciones dibujados o información sobre las últimas técnicas, debió resultar un reto crear diseños tipográficos llamativos. Aun así, Gan logró hacerlo, precisamente utilizando diferentes tipografías a distintas escalas y gracias a una disposición magistral de las imágenes en la página, empleando la asimetría y el espacio para unir palabra e imagen, pero también para generar dinamismo, al tiempo que conservaba la claridad y la coherencia.

Además de encargarse de la organización visual de contenidos, Gan redactó también artículos para *SA*. Algunos de estos textos tenían que ver con tipografía o cuestiones artísticas, otros versaban sobre arquitectura.[143] Gan escribió, por ejemplo, sobre el Planetario de Moscú de Mijaíl Barsch y Mijaíl Siniyavski, dándole la bienvenida como a un nuevo tipo de teatro:

> Hasta ahora, el teatro no ha sido más que un edificio donde tienen lugar servicios de culto [...] Nuestro teatro tiene que ser diferente. Debe inculcar el amor a la ciencia en el espectador. El planetario es un teatro científico y óptico y representa una de las formas de nuestro teatro.[144]

Gan también seleccionaba algunos de los textos e ilustraciones para *SA*. Esos materiales no siempre se referían directamente a la arquitectura sino que a menudo abordaban un entorno mucho más amplio y cuestiones más generales, relativas a la organización de la vida cotidiana en la sociedad comunista. Estos artículos incluían anuncios de Ródchenko y su Club de obreros de 1925, varios muebles concebidos por estudiantes de VJUTEMAS de la Facultad de Trabajo en Madera y Metal (sobre todo A. Galaktiónov, Bykov, Morózov, N. Sóbolev, Gueorgui Miller, y otros) e incluso los quioscos de Gan.[145] Estos elementos visuales y textuales reflejan el compromiso de Gan con la difusión de los preceptos constructivistas, su dedicación a transformar cada objeto dentro del entorno, no sólo la arquitectura; y su convicción de que podían aplicarse los mismos principios universales a diferentes tareas de diseño en la gran labor de realizar la sociedad comunista.

Mientras que buena parte de este material podía estar directamente relacionado con el constructivismo en tanto que ejercicio multidisciplinar, otros elementos parecen estar más alejados de las preocupaciones constructivistas y muy poco tienen que ver con «la producción intelectual y material». En concreto, el texto de Iván Kliun «El cubismo como método pictórico» y el artículo de Malévich «Forma, color y sensación» poseen puntos de vista creativos muy diferentes.[146] Ambos ensayos aparecieron bajo la rúbrica «Sección de debate» (*Diskussionni otdel*), y en el caso de Malévich, aun cuando los editores entendían la naturaleza mística del artista lo que deseaban demostrar mediante este artículo era que «los problemas formales no son un fundamento autosuficiente o un punto de partida en el diseño de la nueva arquitectura».[147] Claramente pensaban que Malévich se condenaría a sí mismo e indicaban que publicaban su carta «a pesar de que ciertas partes de ella eran del todo incomprensibles».[148] Sin embargo, los editores también admitieron que «el problema de la forma arquitectónica, el significado del color y las cuestiones de percepción son cuestiones que también forman parte de nuestras preocupaciones. La batalla continúa contra los representantes del eclecticismo y aquellos que expresan tendencias puramente formales en la arquitectura».[149] La inclusión de material suprematista en *SA* sugiere cierto grado de tolerancia, pero quizás también una percepción creciente de la necesidad de mostrar cierta solidaridad entre las vanguardias dada la «batalla» existente y el creciente apoyo oficial al realismo en la pintura y a los enfoques más tradicionales en arquitectura. Por supuesto, ambos artistas eran viejos conocidos, si no amigos, de Gan, y habían publicado textos en la sección «Trabajo creativo» de *Anarquía* en 1918. De hecho, en 1927 Gan había escrito sobre Malévich subrayando que, aunque «sus obras no tuvieran aquella utilidad social concreta, sin la cual la arquitectura contemporánea no es arquitectura en absoluto, tenían gran importancia como investigaciones abstractas de la nueva forma como tal».[150] La lealtad a los antiguos colegas y una voluntad de mirar y aprovechar el trabajo de hombres que no eran constructivistas

Цена 2 руб. 50 коп.

СА

СОВРЕМЕННАЯ ARCHITEKTUR
АРХИТЕКТУРА DER GEGENWART

ТРЕТИЙ ГОД ИЗДАНИЯ

ОТВЕТСТВЕННЫЕ РЕДАКТОРЫ
А. А. ВЕСНИН и М. Я. ГИНЗБУРГ

РЕДАКЦИОННАЯ КОЛЛЕГИЯ: М. О. БАРЩ, А. К. БУРОВ, Г. Г. ВЕГМАН, А. А. ВЕСНИН, В. А. ВЕСНИН, ВЯЧ. ВЛАДИМИРОВ, АЛЕКСЕЙ ГАН, М. Я. ГИНЗБУРГ, И. И. ЛЕОНИДОВ, А. С. НИКОЛЬСКИЙ (ЛЕНИНГРАД), П. И. НОВИЦКИЙ, Г. М. ОРЛОВ, А. Л. ПАСТЕРНАК, И. Н. СОБОЛЕВ

СОТРУДНИЧАЮТ: К. В. АКАШЕВ, I.P.P. OUD (РОТТЕРДАМ), М. О. БАРЩ, И. БЕЛДОВСКИЙ (ЛЕНИНГРАД), VIKTOR BOURGEOIS (БРЮССЕЛЬ), А. К. БУРОВ, Б. Н. ВАРГАЗИН, Г. Г. ВЕГМАН, А. А. ВЕСНИН, В. А. ВЕСНИН, Л. А. ВЕСНИН, И. ВИЛЬЯМ, HANS WITTWER (БАЗЕЛЬ), ВЯЧ. ВЛАДИМИРОВ, Н. ВОРОТЫНЦОВА, В. ГАЛЬПЕРИН (ЛЕНИНГРАД), АЛЕКСЕЙ ГАН, MAURICE GASPARD (БРЮССЕЛЬ), М. Я. ГИНЗБУРГ, И. А. ГОЛОСОВ, П. А. ГОЛОСОВ, WALTER GROPIUS (ДЕССАУ), И. С. ГУРЕВИЧ, А. П. ИВАНИЦКИИ, А. Т. КАПУСТИНА, Г. КАРЛСЕН, В. И. КАШКАРОВ, С. Н. КОЖИН, Н. Я. КОЛЛИ, Я. А. КОРНФЕЛЬД, В. А. КРАСИЛЬНИКОВ, Г. Б. КРАСИН, KREIZAR (ПРАГА), А. КРЕСТИН (ЛЕНИНГРАД), KROHA (БРЮН), И. И. ЛЕОНИДОВ, С. Я. ЛИФШИЦ, А. Ф. ЛОЛЕЙТ, Г. М. ЛЮДВИГ, ANDRE LURÇAT (ПАРИЖ), В. МАЛИНОВСКИЙ (ЛЕНИНГРАД), MALLET STEVENS (ПАРИЖ), И. И. МАЛОЗЕМОВ (ХАРЬКОВ), С. А. МАСЛИХ, HANNES MAYER (БАЗЕЛЬ), И. Ф. МИЛИНИС (ХАРЬКОВ), MIES VAN DER ROHE (БЕРЛИН), И. И. МУРАВЬЕВ, А. С. НИКОЛЬСКИИ (ЛЕНИНГРАД), А. А. ОЛЬ (ЛЕНИНГРАД), Г. М. ОРЛОВ, М. П. ПАРУСНИКОВ, А. Л. ПАСТЕРНАК, Р. ПОЛЯК, С. Л. ПРОХОРОВ, М. СИНЯВСКИЙ, И. Н.

Главлит № А—6374. Типография Госиздата „Красный пролетарий". Москва, Пименовская улица, 16. Тираж 2.500 экзем

СА

ОТВЕТСТВЕННЫЕ РЕДАКТОРЫ: А. А. ВЕСНИН и М. Я. ГИНЗБУРГ

РЕДАКЦИОННАЯ КОЛЛЕГИЯ: М. О. БАРЩ, А. К. БУРОВ, Г. Г. ВЕГМАН, А. А. ВЕСНИН, В. А. ВЕСНИН, ВЯЧ. ВЛАДИМИРОВ, АЛЕКСЕЙ ГАН, М. Я. ГИНЗБУРГ, И. И. ЛЕОНИДОВ, А. С. НИКОЛЬСКИЙ (ЛЕНИНГРАД), П. И. НОВИЦКИЙ, Г. М. ОРЛОВ, А. Л. ПАСТЕРНАК, И. Н. СОБОЛЕВ.

МАКЕТ СДЕЛАЛ И. И. ЛЕОНИДОВ

REDIGIERT VON: M. J. GINSBURG UND A. A. WESNIN

REDAKTIONSKOMITÈE M. BARTSCH, A. BUROFF, ALEXEJ GAN, M. GINSBURG, I. LEONIDOFF, A. NIKOLSKY, P. NOWITZKY, G. ORLOFF, A. PASTERNAK, I. SSOBOLEFF, G. WEEGMAN, A. WESNIN, V. WESNIN, W. W. WLADIMIROFF

AUSSTATUNG UND DRUCK VON I. LEONIDOFF

ГЛАВНОЕ УПРАВЛЕНИЕ НАУЧНЫМИ УЧРЕЖДЕНИЯМИ. ГОСУДАРСТВЕННОЕ ИЗДАТЕЛЬСТВО

СОДЕРЖАНИЕ НОМЕРА.

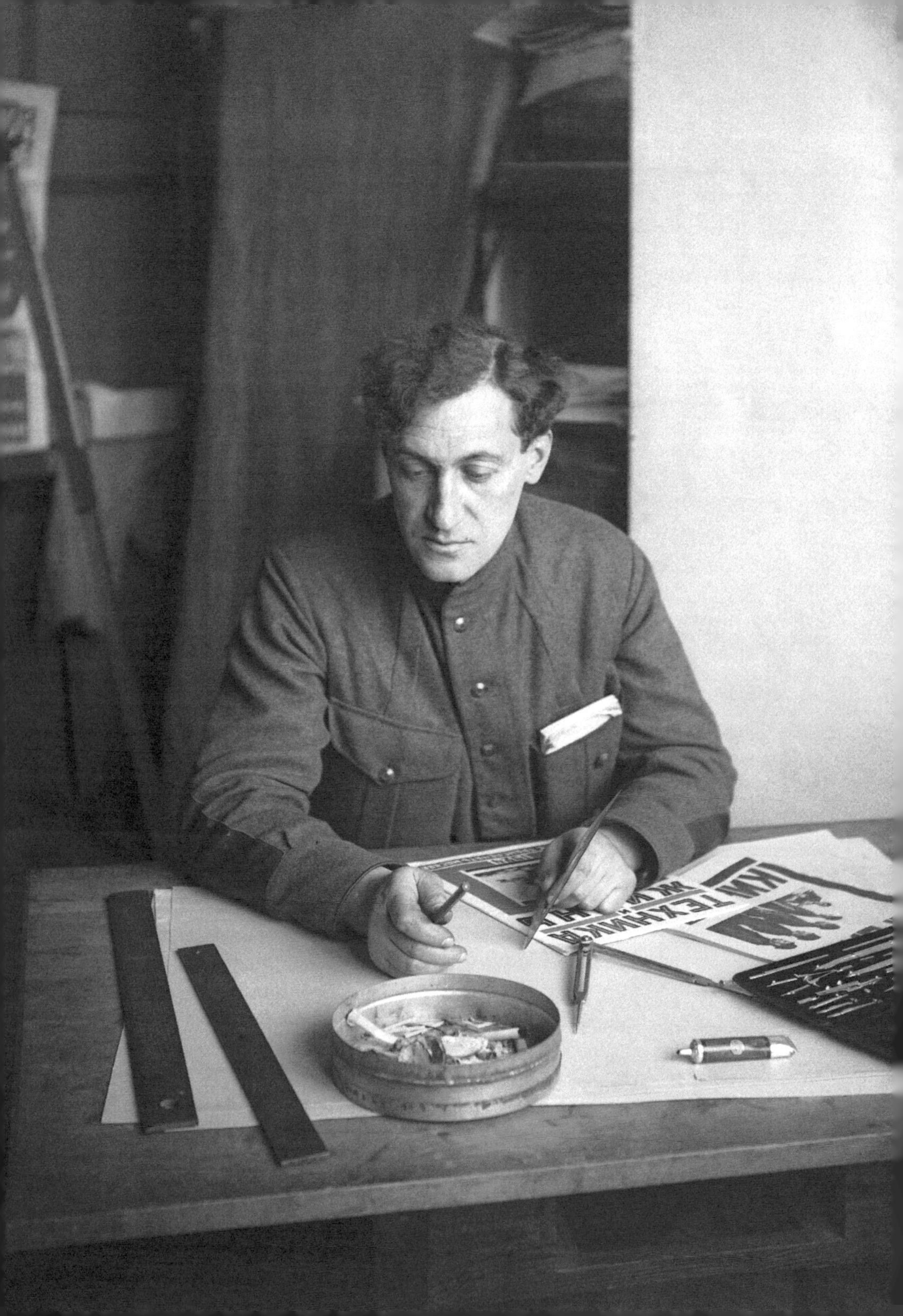

(de la manera que fuera) sugiere que Gan no era un ideólogo intolerante sino alguien sincera y profundamente implicado en utilizar conocimientos de todo tipo para crear un entorno y una cultura que fueran dignos de la clase obrera rusa y fomentaran el comunismo.

Teoría y práctica de la tipografía constructivista

Gan era un publicista prolífico y le interesaba conceder impacto visual a sus ideas. Esta preocupación parece que estuvo en la base de su trabajo en el diseño tipográfico. De hecho, desempeñó un papel crucial en la elaboración de la teoría y la práctica de la tipografía constructivista, que él conectaba firmemente con la estética maquinista, no sólo en apariencia sino también en esencia. Consideraba que el constructivista debía echar mano de los elementos preexistentes en el arsenal del tipógrafo o del impresor. De este modo, intentó eliminar las letras hechas a mano y las líneas que eran tan típicas de la tipografía vanguardista temprana. En su lugar, Gan favoreció los elementos hechos a máquina, tan precisos como impersonales de la composición tipográfica existente. A esto lo llamó «movilización del material tipográfico»,[151] que formaba parte de la «transformación de la composición tipográfica del texto»[152] y de la «transformación del tipo de letra y de la composición lineal».[153] Cuando estaba diseñando las cubiertas y las maquetas para *SA* en 1926, sintió que su teoría y práctica estaban plenamente desarrolladas. Escribió:

> En 1922, el constructivismo entró en la industria de la impresión. Antes de eso, el constructivista Alekséi Gan había compuesto una serie de publicaciones individuales en las que puso en práctica los principios del constructivismo, pero aún no había establecido un sistema estricto de composición tipográfica. No ha sido hasta ahora que ha surgido y se está desarrollando en una amplia selección de nuestras principales imprentas. De la transformación de la composición tipográfica del texto y la activación del material tipográfico (1918) [*Anarquía*], Alekséi Gan ha procedido a organizar la superficie impresa (1921-1922) [*Kinó-Fot* y *El constructivismo*]. La siguiente etapa de trabajo que se debe considerar es la tipificación de los elementos individuales, así como del objeto impreso completo considerado como un todo.[154]

Desde su trabajo editorial para la sección «Trabajo creativo» de *Anarquía* en 1918 y para el periódico mural de IZO (*Stengaza*) en 1920, Gan se había interesado por la forma más eficaz de presentar los textos al público.[155] Para

Gan, el periódico mural era «una forma de trabajo de la masa sobre la palabra» que «desarrolla fuertes cuadros de periodistas obreros en cuyas manos la palabra se convertirá en una arma poderosa para la construcción de la vida».[156] Escribió:

> En términos prácticos, nuestra revolución ha dado luz al periódico mural como una necesidad cotidiana. La falta de papel, la destrucción de talleres de imprenta, la ausencia de materias primas, el declive de la potencia industrial [...] todo ello fomenta la idea del coordinador contemporáneo de producir con un mínimo gasto y recursos limitados el máximo, en términos de uso [...] pero a menudo no se cuenta con un plan o forma lo suficientemente bien pensados.[157]

Gan había intentado claramente corregir estas deficiencias en su propio trabajo de diseño y a todas luces había tratado de hacer la sección «Trabajo creativo» de *Anarquía* más variada en términos de tipografía, escala y espaciado que el formato habitual de los periódicos de la época.[158]

El tipo de letra utilizada era obviamente un elemento importante en la necesidad de convertir la palabra en «un arma poderosa para la construcción de la vida». Gan fue uno de los diversos personajes que estaban interesados en desarrollar una nueva tipografía que expresara la esencia del nuevo orden. A principios de 1922, Popova había utilizado las líneas gruesas, negras y de colores así como un tipo de letra grande en sus diseños de vestuario para la producción de Meyerhold *El cornudo magnánimo*, en su dibujo del decorado y en la rotulación que utilizó en la rueda del decorado.[159] En muchos sentidos, estas líneas y letras reflejaban el método de construcción del decorado, su énfasis en la economía y también el uso de Popova de elementos lineales en sus pinturas. Posteriormente, Gan empezó a desarrollar estos dispositivos en su propio trabajo tipográfico, dándoles mayor resonancia en *Kinó-Fot* y *El constructivismo*.

En efecto, durante la primavera y el verano de 1922, cuando Gan concibió y publicó *Kinó-Fot*, se dieron importantes pasos en la consolidación de la tipografía constructivista.[160] En su conjunto, las portadas de esta revista desarrollan el énfasis en la máquina mediante la explotación de los recursos existentes en la imprenta para la producción en serie. Parece que Gan diseñó la portada del primer numero de la revista utilizando cuerpos grandes de tipografía de palo seco y líneas gruesas a modo de marcos y recursos organizativos sobre una fotografía de una escena de *Manzana* (Yábloko) de Vasili Toporkov con el actor Serguéi Komarov (ver solapa frontal). Stepánova, sin embargo, diseñó la cubierta para el segundo y tercer número, trabajando en el formato previamente creado por Gan. Aunque el primer número se había imprimido solo en negro, en la portada del segundo número se introdujo el color rojo, que se usó en el número «2» y en la palabra «*anons*» (anuncio). Estos dos elementos de color, junto con el dibujo de Stepánova de Charlie Chaplin, animaron el diseño del número tres imbuyéndolo de un dinamismo que contrasta con el estatismo de la portada del primer número.[161] Ródchenko realizó la cubierta del cuarto número utilizando un fotograma donde Vladímir Mayakovski aparece como protagonista de la película rusa *Martin Eden*, basada en la novela de Jack London, que describe la búsqueda de educación y fama literaria de un humilde marinero. La imagen de la portada muestra al héroe discutiendo con la Muerte, representada por un cráneo y un avión. La cubierta de Ródchenko para el quinto número de *Kinó-Fot* presenta un simple retrato del inventor estadounidense Thomas Edison, quien desarrolló cámaras cinematográficas, equipos de proyección e incluso produjo películas. El propio Gan diseñó la cubierta para el sexto y último ejemplar, que combina dos imágenes, un proyector (impreso en negro) y una bobina cinematográfica en rojo, que se superponen como si se tratara de una doble exposición. Representa un uso temprano de este recurso, que se hizo bastante popular en el diseño constructivista y moderno. En la medida en que los tres líderes del Grupo de Constructivistas en Acción estuvieron comprometidos en el diseño de las cubiertas de la revista, *Kinó-Fot* representó una iniciativa visual constructivista compartida.

El diseño interior de la revista era igualmente ingenioso, se utilizaba el espacio y el color de una manera económica pero eficaz. Gan tendía a colocar sus gruesas líneas de modo horizontal y vertical, a modo de fuertes elementos organizativos con una presencia sustancial en la página. Texto e imagen estaban colocados, a menudo asimétricamente, dentro de ese marco lineal que variaba considerablemente de página a página (pp. XXXVII-XXXVIII). De vez en cuando, Gan utilizaba una diagonal, pero por lo general el dinamismo se introducía mediante la disposición de los elementos, el uso del espacio de la página como un elemento positivo en la composición y el uso de diferentes tamaños de letras y, a veces, de tipografías distintas (pp. XLII-XLIII).

No es de extrañar, dada la autoría de Stepánova de algunas de las cubiertas, que la artista anunciara *Kinó-Fot,* su tipografía y contenido constructivistas incluyéndolos en sus diseños para la producción de Meyerhold de *La muerte*

ПЕРВАЯ ВЫСТАВКА СОВРЕМЕННОЙ АРХИТЕКТУРЫ

ERSTE AUSSTELLUNG DER ARCHITEKTUR DER GEGENWART

18 июня открылась Первая Выставка Современной Архитектуры, организованная Главнаукой и ОСА.

Две основные задачи надлежало разрешить выставке. Первая заключалась в том, чтобы противопоставить все еще господствующему в нашем практическом строительстве беспринципному эклектизму—единый фронт современной архитектуры. Вторая — в том, чтобы иметь возможность подвести итоги достигнутому, увидеть ясно все недочеты и наметить четкие дальнейшие пути к активному завоеванию нашей строительной действительности.

Первую задачу можно считать выполненной вполне удачно. Единый фронт современной архитектуры подтвердил свое существование. Работы Выставочного Комитета закрепили тесную связь между передовыми архитекторами Москвы, Ленинграда, Киева и др. городов СССР. Они обнаружили тот отрадный факт, что почти нет такого уголка Союза, такого архитектурного ВУЗ'а где не было бы большей или меньшей ячейки архитекторов-революционеров, горячо отстаивающих интересы подлинно современной архитектуры, в чрезвычайно тяжелых условиях безнадежного атавизма окружающей их среды. Выставка показала, что все усилия наших московских товарищей, находящихся в более благоприятных условиях, должны быть направлены на помощь и поддержку наших соратников других городов Союза.

С другой стороны, Выставка показала, что передовые идеи современной архитектуры, интернациональной в общих своих принципах, сильней тех пограничных кордонов и препятствий, которые создала послевоенная капиталистическая Европа. Выставка показала, что нет такой Европейской страны где бы не существовало большей или меньшей группы архитекторов-новаторов, противопоставляющих международному эклектизму и тупой реакции—новых идей современной архитектуры. И конечно совершенно естественно эти архитекторы-одиночки, представляют собой самые прогрессивные слои Европы, проявившие исключительный интерес и доброжелательство к новой Советской России и в частности к ее представителям в области архитектуры.

Единый фронт современной архитектуры протягивает теперь свои нити от Парижа, Дессау и Берлина, Праги и Брюсселя к Москве, Ленинграду, Киеву и Томску.

Наша дальнейшая задача теперь—эти нити всемерно продолжать и укреплять.

Вторая проблема, которая должна разрешить Выставка—это итоги и выводы, результаты и перспективы. Проблема еще более важная и насущная. Ей редакция современной архитектуры отводит два свои ближайших номера, намереваясь как можно полнее представить все наиболее интересное из экспонатов Выставки и на базе этих экспонатов произвести учет сделанного и прогноз дальнейших путей.

Л. А. И А. А. ВЕСНИНЫ. ПРОЕКТ ГОСТИНИЦЫ В НОВОЙ МАЦЕСТЕ. L. UND A. WESSNIN. ENTWURF EINES HOTELS IN MAZESTA (KAUKASUS)

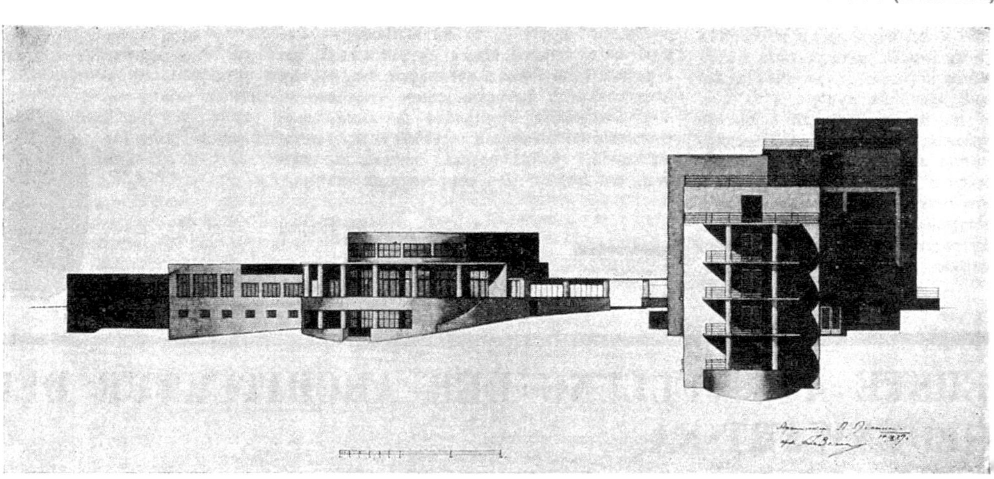

ГОСТИНИЦА В НОВОЙ МАЦЕСТЕ

Отведенный для постройки участок земли находится недалеко от главного ванного здания Новой Мацесты. Он обладает сложным рельефом местности и сравнительно крутыми уклонами горы, идущими к морю.

При выборе места для постройки гостиницы, пришлось учесть существующие площадку, дороги и подъезды. Здание гостиницы нужно расположить, группируя его около площадки, которая служит местом подъезда в гостиницу и столовую.

Здание гостиницы состоит из корпуса номеров идущего по уклону горы уступами с севера на юг и отдельного корпуса столовой и кухни, соединенных между собой крытым переходом. Столовая и кухня расположены вдоль горизонтали, ограничивающей площадку.

Главный корпус гостинницы включает 150 жилых номеров, из которых 50 номеров проектируются площадью по 12.0 m^2, 90 номеров по 16.0 m^2, и 10 номеров по 20.0 m^2.

ЕНЕРАЛЬНЫЙ ПЛАН, АКСОНОМЕТРИЯ, ПЛАНЫ. LAGEPLAN, AXONO-
IETRISCHE DARSTELLUNG, GRUNDRISSE

ЕРВАЯ ВЫСТАВКА СОВРЕМЕННОЙ АРХИТЕКТУРЫ. МОСКВА
RSTE AUSSTELLUNG DER ARCHITEKTUR DER GEGENWART

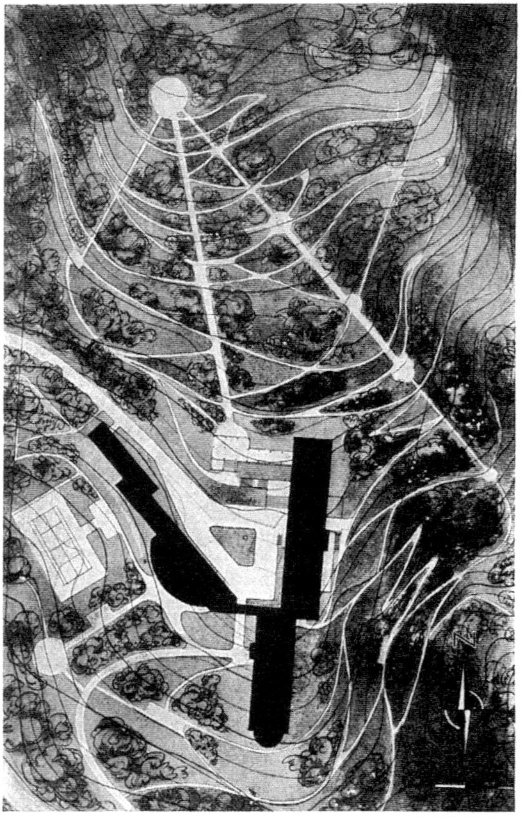

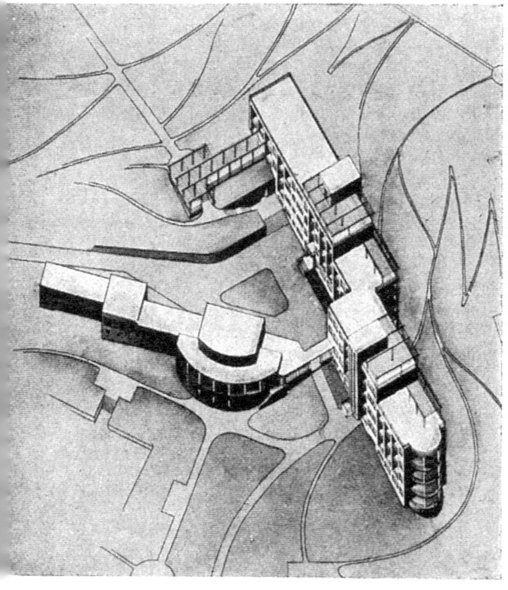

100 номеров имеют индивидуальные изолированные лконы, выходящие на восток и запад: остальные имеют ррасы и веранды общего пользования. Вблизи вестиюля и перехода в столовую расположены комнаты дыха и общего пользования.

Плоская крыша, идущая уступами и обработанная ельяжами, предназначается для приема воздушных и лнечных ванн.

Столовая проектируется как для обслуживания населния гостиницы, так и окрестных дач, имеет большую ранду, открытую к морю на юго-запад.

Здание проектируется железо-бетонное с устройством нтрального отопления и вентиляции, с общей кубарой около 20.000 m^3.

Весь участок гостиницы обрабатывается парковыми рожками, площадками для игр и терренкурами с укломи $^1/_{50}$, $^1/_{20}$ и $^1/_{10}$, ведущими к беседке отдыха, расположенной в верхней части парка

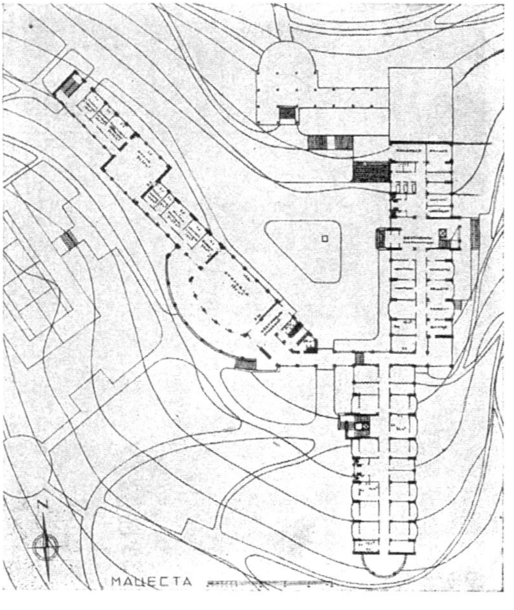

de Tarelkin (*Smert Tarelkina*) de noviembre de 1922. La palabra «Kinó-Fot» aparecía en una larga cinta de papel que unos burócratas manipulaban en escena.[162]

En conjunción con su trabajo de diseño para *Kinó-Fot,* Gan también ideó la tipografía para *El constructivismo,* que fue concebido como un «libro de propaganda» a diferentes niveles. No era simplemente un texto que publicitaba las ideas y el enfoque constructivistas, también daba (junto con *Kinó-Fot*) los primeros pasos para demostrar cómo estas ideas se podían explotar en términos prácticos y utilizar para desarrollar un diseño gráfico distintivo para el constructivismo. De hecho, *El constructivismo* fue el primer libro que mostró algunos de los rasgos visuales y elementos tipográficos que finalmente llegarían a asociarse con el diseño gráfico constructivista. Sin embargo, *El constructivismo* es más un experimento dirigido a crear una tipografía constructivista que una completa realización de los ideales constructivistas y, a este respecto, no es un diseño de libro perfectamente resuelto.

La cubierta incluye el mismo tipo de letra gruesa de palo seco que encontramos en los diseños de Popova, pero también incorpora dos tipografías distintas. Mientras que el nombre de Gan aparece en el tipo de letra más tarde asociada con el diseño constructivista (en dos tamaños diferentes), la palabra «конструктивизм» aparece en un tipo de letra diferente, algo más ligera. Está además representada en negativo, es decir en blanco sobre el negro del rectángulo que lo contiene. Este recurso estableció un precedente para la portada que Ródchenko diseñó en 1923 para el libro *Sobre esto* (*Pro eto*) donde el nombre de Vladímir Mayakovski aparecía en una caja blanca sobre fondo oscuro.[163]

El enfoque experimental, evidente en la cubierta de *El constructivismo,* se extendió también al diseño interior del libro. La página que contiene el título es bastante convencional y un gran número de páginas están compuestas principalmente de tipografía apretujada, aunque Gan varió el tamaño de las tipografías y el espaciado entre diversas letras empleando la negrita para aumentar el énfasis. Aun así, algunos de los diseños son muy innovadores (pp. XXVIII-XXIX). En ciertos casos los eslóganes perturban por completo la organización convencional de la página impresa y el ritmo horizontal de las líneas de tipografía, habituales en los libros. De vez en cuando, las líneas se rompen y los eslóganes se presentan en una diagonal dinámica. Parecen saltar sobre la página. Al mismo tiempo, las líneas gruesas añaden énfasis e impacto a los eslóganes cruciales del constructivismo tales como «¡Muerte al arte!».[164]

El constructivismo evoca vívidamente una estética industrial o maquinista. No sin razón, Gan aseveró más tarde que había sido uno de los primeros ejemplos de diseño tipográfico que había combatido la tipografía conscientemente «artística» o «estética».[165] Aunque Gan en realidad había dibujado a mano las letras de la cubierta,[166] probablemente porque el tipo de letra que quería no estaba disponible, su diseño se basó en las herramientas tipográficas del proceso de imprenta. El Lissitzky más tarde apoyó estas declaraciones y manifestó que Gan había sido el primero en trabajar «directamente en el campo de la tipografía al lado del impresor y de la máquina».[167] El énfasis de Gan en el proceso técnico de la reproducción mecánica es crucial para su concepto del diseño gráfico constructivista. Sin embargo, como ha explicado Aleksandr Lavréntiev, a principios de la década de 1920, hubo escasez de metal, así que muchas de las letras utilizadas estaban hechas de madera, igualmente, parte del material gráfico y fotográfico se reprodujo a partir de grabados de madera realizados por Andréi Andréiev.[168]

Los principios y técnicas que Gan había desarrollado en *Kinó-Fot* y *El constructivismo* evolucionaron en su trabajo gráfico posterior para revistas como *Tecnología y vida* (*Tejnika y zhizn*)[169] y en particular, en su labor como director de arte de la revista *SA* que desempeñó durante tres de los cinco años de existencia de la revista (1926-1928). Gan desarrolló un formato para la portada de *SA* que permaneció básicamente inalterada desde el segundo número de 1926 hasta el tercer número de 1929, a pesar de alteraciones menores en el texto utilizado y pequeños ajustes en el tipo de letra y en los colores empleados (pp. XLIV, XLVIII-XLVIX y solapa posterior). El concepto de variedad dentro de la uniformidad era esencial en su procedimiento y había caracterizado su trabajo en *Kinó-Fot*. En *SA* lo utilizó con gran éxito, respondiendo al desafío de conseguir que planos y elevaciones dibujados en tonos grises resultaran visualmente interesantes para el lector. Fundamentalmente, empleó un formato basado en una retícula, usando líneas gruesas para crear varios marcos alrededor y dentro de los cuales organizaba el texto (en varios tamaños e intensidad de tipografías: algunas en negrita, otras no) e imágenes, haciendo uso de una organización asimétrica, del espaciado y del blanco de la página como un factor positivo del diseño. De este modo creó diseños tipográficos para las páginas de *SA* que eran emocionantes y dinámicos, logrando que el medio fuera tan eficaz como el mensaje.

En 1925 Gan explicó cómo los principios que rigen todo el diseño constructivista podían aplicarse a la tipografía. Hizo hincapié en que el punto de partida para el proceso de diseño era «el contenido del texto, su finalidad y

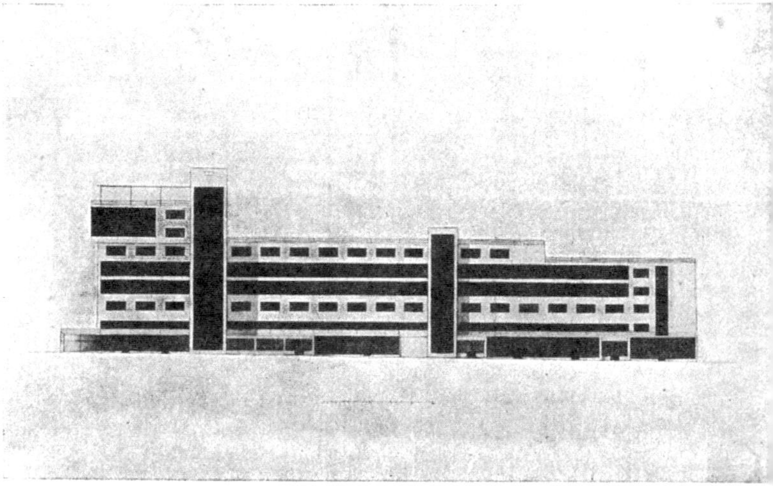

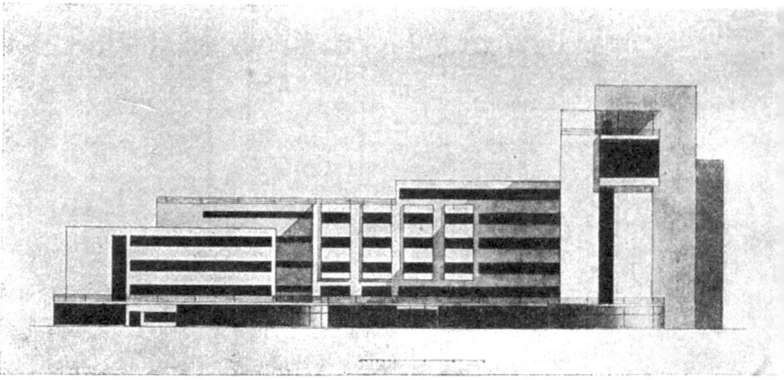

Л. А. и А. А. ВЕСНИНЫ. ПРОЕКТ „ДОМА ПРОМЫШЛЕННОСТИ И ТОРГОВЛИ" В Г. СВЕРДЛОВСКЕ, 1927. ЗДАНИЕ „ДОМА ПРОМЫШЛЕННОСТИ И ТОРГОВЛИ" ПРОЕКТИРУЕТСЯ НА УЧАСТКЕ, ВЫХОДЯЩЕМ НА ПЛОЩАДЬ ПАРИЖСКОЙ КОММУНЫ И УЛИЦУ ЛЕНИНА, С ОГРАНИЧИВАЮЩИМИ УЧАСТОК УЛИЦАМИ ВАСЕНЦОВСКОЙ И РЕШЕТНИКОВА.

ВВИДУ ОСОБОГО ЗНАЧЕНИЯ В ГОРОДСКОЙ ПЛАНИРОВКЕ ПЛОЩАДИ, НА КОТОРУЮ ВЫХОДЯТ ПРЕДПОЛАГАЕМЫЙ К ПОСТРОЙКЕ УРАЛОБЛИСПОЛКОМ И ГОРОДСКОЙ ТЕАТР, ГЛАВНЫЕ ФАСАДЫ ПРОЕКТИРУЕМОГО ЗДАНИЯ СО ВХОДАМИ В УЧРЕЖДЕНИЯ И МАГАЗИНЫ ОБРАЩЕНЫ НА ПЛОЩАДЬ И ПЕРЕСЕКАЮЩУЮ ЕЕ УЛ. ЛЕНИНА.

В ЦЕЛЯХ УВЕЛИЧЕНИЯ ПЕРИМЕТРА ВИТРИННОЙ ЛИНИИ МАГАЗИНОВ И ДЛЯ СОЗДАНИЯ УДОБНОГО ОСОБОГО ПОДЪЕЗДА В УРАЛОБЛСОВНАРХОЗ, НА ГЕНЕРАЛЬНОМ ПЛАНЕ В СТОРОНУ УЛИЦЫ ЛЕНИНА СПРОЕКТИРОВАН ОТКРЫТЫЙ ДВОР С ПЛОЩАДКОЙ ДЛЯ ГАЗОНА И МЕСТОМ ДЛЯ СТОЯНКИ АВТОМОБИЛЕЙ.

ЗДАНИЕ СО СТОРОНЫ ПЛОЩАДИ ОТСТУПАЕТ ОТ КРАСНОЙ ЛИНИИ НА ШИРИНУ АЛЛЕИ, ИДУЩЕЙ ВДОЛЬ ТРОТУАРА.

ЗДАНИЕ ПРОЕКТИРУЕТСЯ С ОДНИМ БОЛЬШИМ ВНУТРЕННИМ ДВОРОМ, ВОКРУГ КОТОРОГО ГРУППИРУЮТСЯ ВСЕ УЧРЕЖДЕНИЯ, ВХОДЯЩИЕ И СОСТАВЛЯЮЩИЕ „ДОМ ПРОМЫШЛЕННОСТИ И ТОРГОВЛИ". ПЕРИМЕТР ЗДАНИЯ ОБУСЛОВЛЕН СТРЕМЛЕНИЕМ ДАТЬ НАИБОЛЬШЕЕ ДНЕВНОЕ ОСВЕЩЕНИЕ КОРРИДОРАМ ПРИ ДВУХСТОРОННЕМ РАСПОЛОЖЕНИИ ПОМЕЩЕНИЙ.

КОРРИДОРЫ ИМЕЮТ ВСЮДУ ОСВЕЩЕНИЕ С ТОРЦОВ, С ЛЕСТНИЦ И ОСОБЫХ НИШ.

ЗДАНИЕ ПРОЕКТИРУЕТСЯ ЖЕЛЕЗОБЕТОННОЙ КОНСТРУКЦИИ С ЗАТЕПЛЕНИЕМ ПЛИТАМИ ТЕПЛОГО БЕТОНА В 40 *с* ТОЛЩИНЫ, КОТОРЫЕ СТАВЯТСЯ НА ЖЕЛЕЗОБЕТОННЫЕ ПРОГОНЫ УГЛОВОГО СЕЧЕНИЯ. НАРУЖНЫЙ РЯД ОКОННЫХ РАМ СТАВИТСЯ НА ЭТИ СТЕНКИ И НАХОДИТСЯ СНАРУЖИ КОЛОНН. ВНУТРЕННИЙ РЯД ОКОННЫХ РАМ ИДЕТ МЕЖДУ КОЛОННАМИ. ТАКАЯ КОНСТРУКЦИЯ СТЕНЫ ДОПУСКАЕТ ВОЗМОЖНОСТЬ УСТРОЙСТВА ЛЕГКИХ ПЕРЕДВИЖНЫХ ПЕРЕГОРОДОК, ИДУЩИХ ДО ВНУТРЕННИХ РАМ.

КОЛОННЫ ПО НАРУЖНОМУ ПЕРИМЕТРУ РАССТАВЛЕНЫ НА 6,8 *м* МЕЖДУ ОСЯМИ, ГЛУБИНА ПОМЕЩЕНИЙ ВЗЯТА 6 *м*, ШИРИНА КОРРИДОРОВ—3 *м*.

ТАКОЕ РАСПОЛОЖЕНИЕ КОЛОНН ДАЛО СТАНДАРТНЫЙ РАЗМЕР ПОМЕЩЕНИЙ В 40,08 $м^2$, КОТОРЫЙ ЛЕГКО ДЕЛИТСЯ ДЛЯ ПОЛУЧЕНИЯ ВСТРЕЧАЮЩИХСЯ В ПРОГРАММЕ ПЛОЩАДЕЙ В 40 $м^2$, 60 $м^2$, 30 $м^2$, 20 $м^2$ И Т. Д.

РАБОЧАЯ ПЛОЩАДЬ В ПОМЕЩЕНИЯХ ПРИНЯТА В 3,7 m^2 НА ОДНОГО СОТРУДНИКА.

ВЫСОТА ЭТАЖЕЙ С КОНСТРУКЦИЕЙ — 4,25 *м*. ОБЩАЯ КУБАТУРА ЗДАНИЯ—ОКОЛО 160000 $м^3$..

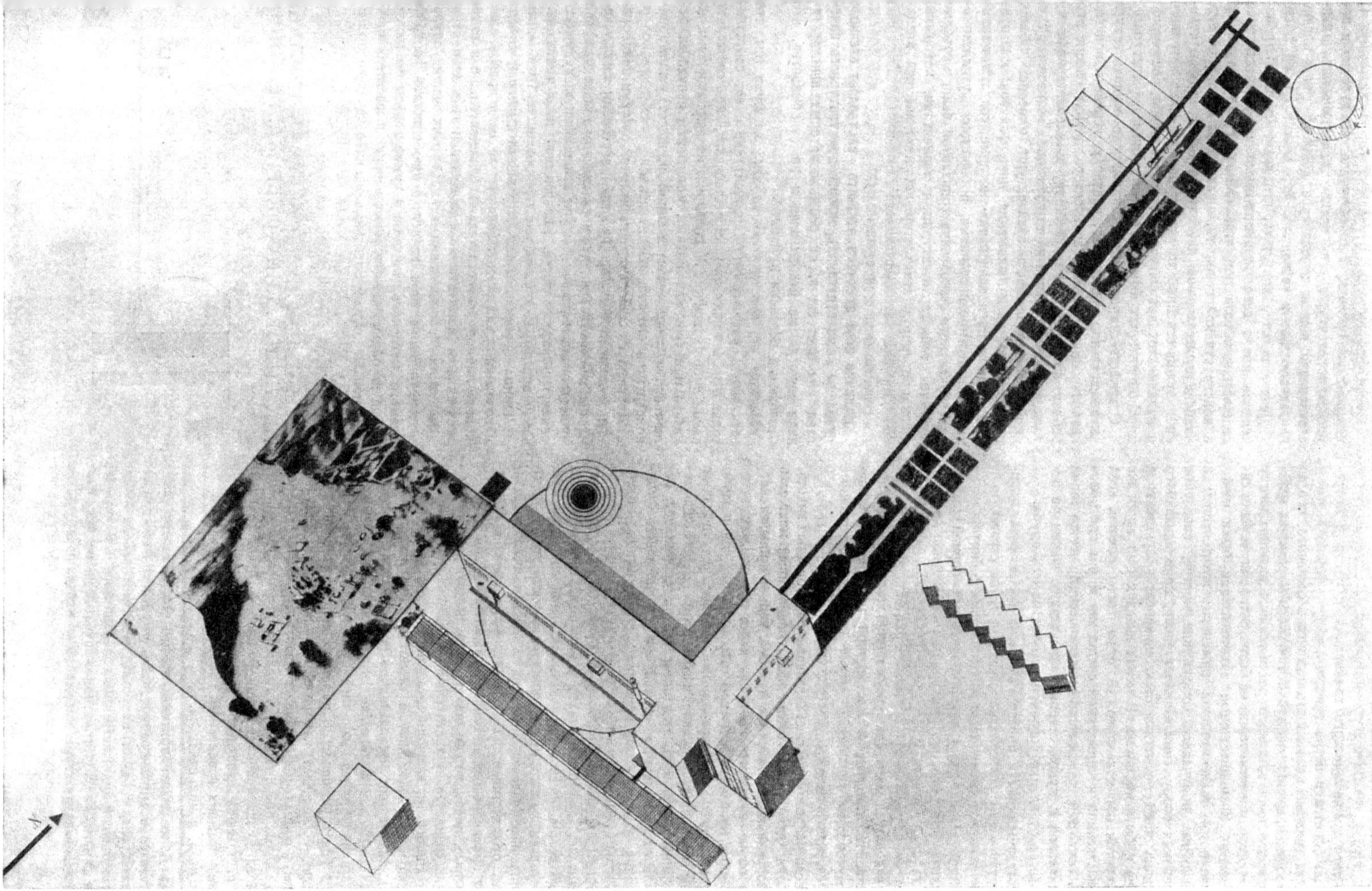

И. ЛЕОНИДОВ. КОНКУРСНЫЙ ПРОЕКТ КИНО-ФАБРИКИ. 1927. МЕСТО РАСПОЛОЖЕНИЯ—ВОРОБЬЕВЫ ГОРЫ. АКСОНОМЕТРИЯ. СОСТАВ: АТЕЛЬЕ, ПРАВЛЕНИЕ, ГАРАЖ, МАСТЕРСКИЕ, УМФОРМЕРНАЯ ПОДСТАНЦИЯ. j. LEONIDOFF. ENTWURF FÜR EIN KINO-ATELIER. 1927. AXONMETRISCHE DARSTELLUNG.

СКЛАДНОЙ СТАНОК МОССЕЛЬПРОМ

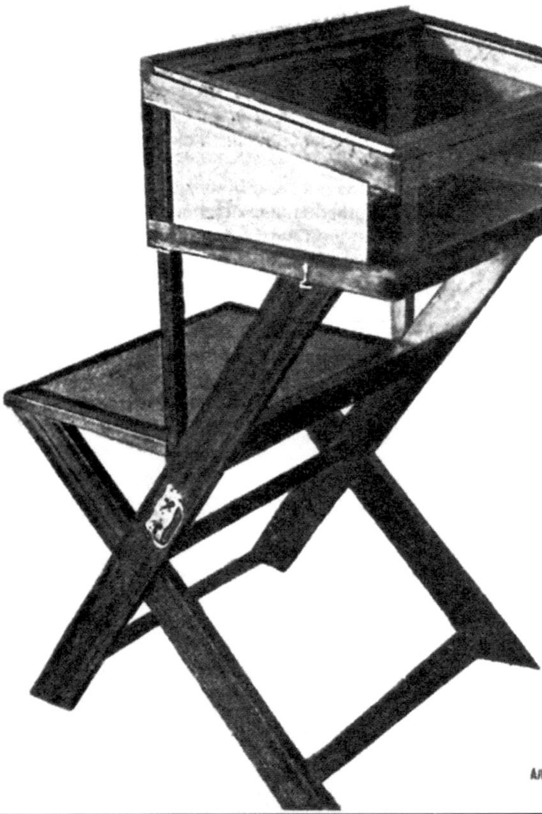

АЛЕКСЕЙ ГАН.

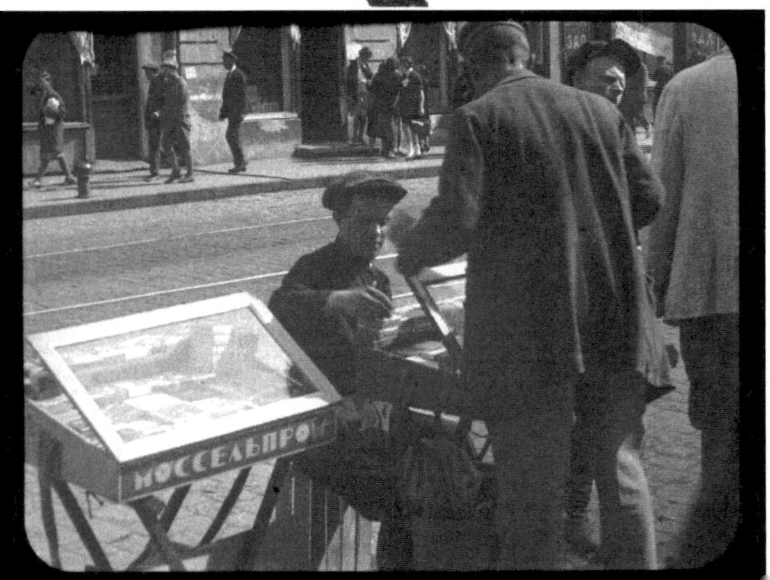

los puntos que debían destacarse».[170] Al mismo tiempo, subrayó el papel que podían desempeñar en el diseño las herramientas del impresor y el proceso de producción de una imprenta. Estos incluían elementos como el tipo de letra, la plancha de impresión, las líneas y los cuadrados. También insistió en la importancia de la factura que en tipografía se componía del color de la tinta y las distintas cualidades del papel utilizado. Por encima de todo, Gan resaltó la abrumadora importancia del proceso de impresión como un factor determinante para el diseñador. Las portadas de *SA* encarnan este enfoque: el formato de la cubierta se produjo manipulando precisamente esos componentes producidos de modo mecánico sobre los que escribía, las variaciones que podían ser sutiles o drásticas se lograban cambiando simplemente el color de la tinta o el tipo de papel.

Esta manera de abordar el diseño no solo ejemplifica la devoción de los constructivistas por la máquina sino que también encarna su desdén hacia el arte y el artista como individuo creativo, involucrado en un tipo de actividad cualitativamente diferente a la de otros trabajadores. Gan permaneció fiel al concepto de fusionar vida y arte, afirmó que su enfoque también aboliría la distinción entre artista y trabajador. En 1925, declaró, no sin grandes dosis de idealismo, que «a través del libro *El constructivismo*, los ejemplares de *Kinó-Fot* y los carteles de Goskinó, hemos intentado dotar de vida nuevamente al material impreso y, sobre todo, recordárselo a los trabajadores. Mostrarles que pueden hacerlo sin los servicios de un trabajador del arte y empujarles por la senda de [tomar] las iniciativas de producción».[171] Esta declaración implica que cualquier trabajador puede manipular las herramientas de producción del tipógrafo sin ninguna formación especializada y que ellos también podían lanzarse a producir diseños tipográficos constructivistas. Este sentimiento, evoca las ideas utópicas que Marx desarrolló en *Ideología alemana*, un texto que sólo se conocía parcialmente en esa época y que concebía una sociedad en la cual cada individuo desarrollaría plenamente su potencial, y donde se desvanecerían las distinciones entre artistas y no artistas.

Gan, diseñador industrial

En *El constructivismo*, Gan había escrito extensamente sobre arquitectura, pero por lo que sabemos no diseñó ningún edificio. La actividad más parecida que desarrolló fueron sus diseños para quioscos, que eran principalmente estructuras temporales. Aun así, con ellos exploraba una de las tareas que había propuesto en *El constructivismo*: «crear un sistema para dar forma a los objetos en general».[172]

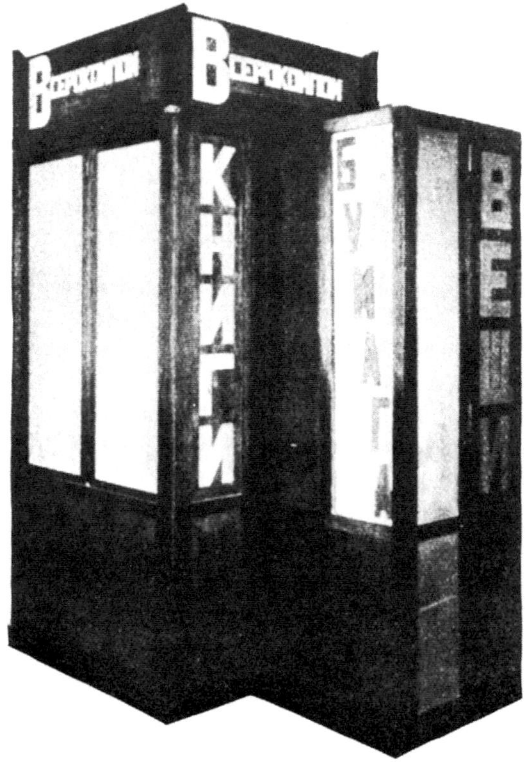
КНИГИ
БУМАГА

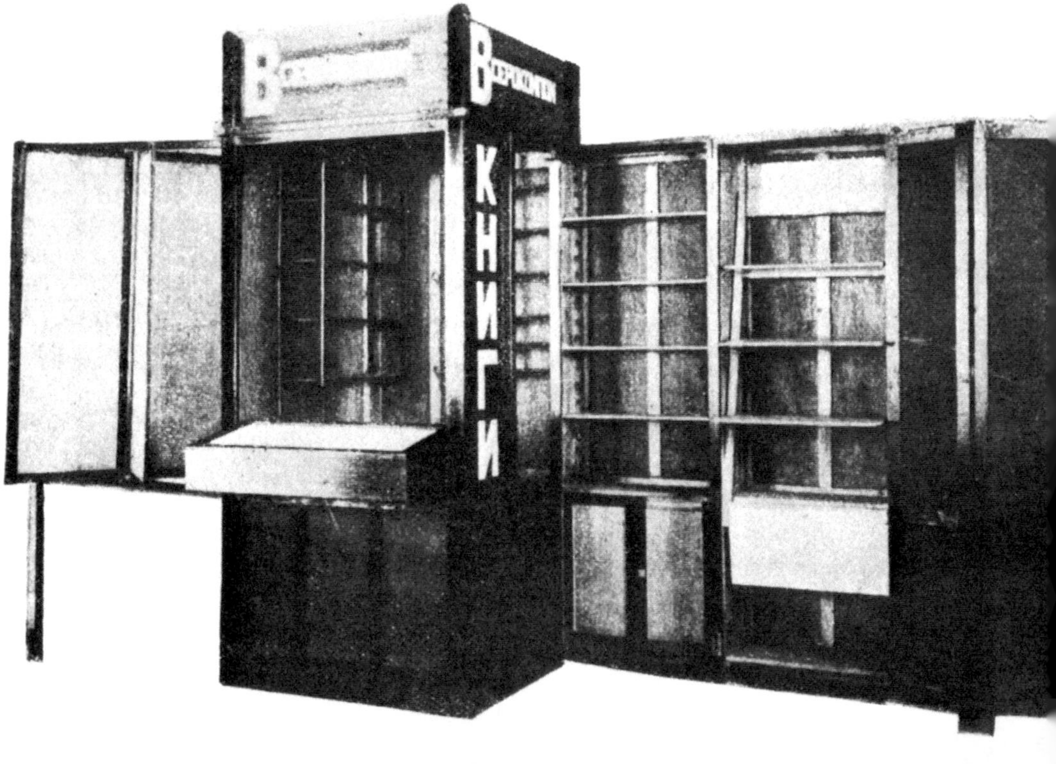
КНИГИ

Entre los primeros figuraba un puesto de ventas plegable (*skladnoi stanok*, p. LX) de 1922, producido por Mosselprom (*Moskóvskoe obedinenie predpriatia po pererabotke produktov selsko-jozyaistvennoi promyshlennosti* – Asociación de Empresas para el Procesamiento de Productos de la Industria Agrícola de Moscú).[173] Gan ideó una pequeña estructura plegable, al parecer hecha de madera, que se podía transportar y montar rápidamente en la calle o cualquier espacio público. Una vez finalizado el uso se podía doblar y retirar con facilidad. Contenía una bandeja (sobre patas plegables) con una tapa de cristal desmontable que permitía exhibir pequeñas mercancías como artículos de papelería o cigarrillos. También incorporaba un pequeño asiento que el vendedor podía ocupar mientras esperaba a sus clientes. Parece que estas estructuras se llegaron a producir en la década de los veinte con algunas alteraciones menores y Ródchenko las fotografió. Cuando publicó esa pieza en *SA* en 1926, Gan subrayó que «el constructivismo debe dirigir su atención hacia esto y asumir la responsabilidad de la vida cotidiana de la calle».[174]

Gan también diseñó una estructura mayor para la venta de libros, artículos de papelería, periódicos y revistas alrededor de 1923 para Vserokompom (*Vserossiski komitet pomoschi invalidam voiny* – Comité Ejecutivo Central de Todas Las Rusias para la Ayuda a los Inválidos de Guerra, p. LXII).[175] No era un mueble portátil que una sola persona pudiese transportar con facilidad pero se podía mover. Consistía fundamentalmente en dos estructuras cúbicas de diferentes tamaños que se abrían creando una gran área de estanterías para exhibir libros y publicaciones. Este prototipo, sin duda, entró en producción en algún momento y, con ciertas modificaciones, se manufacturó en madera para su uso en el interior de edificios públicos, como los vestíbulos de las estaciones de metro de Moscú, donde algunos de ellos todavía se utilizaron hasta fecha muy reciente. Cuando estaban cerrados, el contenido quedaba a salvo, y un llamativo letrero anunciaba los artículos a la venta (libros, artículos de papelería y periódicos), evidenciando la función del quiosco, y unos paneles de colores proporcionaban elementos decorativos.

El diseño que realizó Gan por encargo de *El periódico campesino* (*Krestiánskaia gazeta*) en 1925, se caracterizaba por presentar una geometría más atrevida.[176] Destinado principalmente a la venta de libros, también estaba pensado como punto central de las actividades sociales de los pueblos. Formalmente, el diseño poseía afinidades con los bocetos de quioscos que Ródchenko había hecho en 1919, utilizando una expresiva combinación de elementos geométricos de colores,[177] aunque la geometría de Gan es más precisa y la estructura más

ДЕРЕВЕНСКИЙ КИОСК

Проект — макет

Конструктивист Алексей Ган

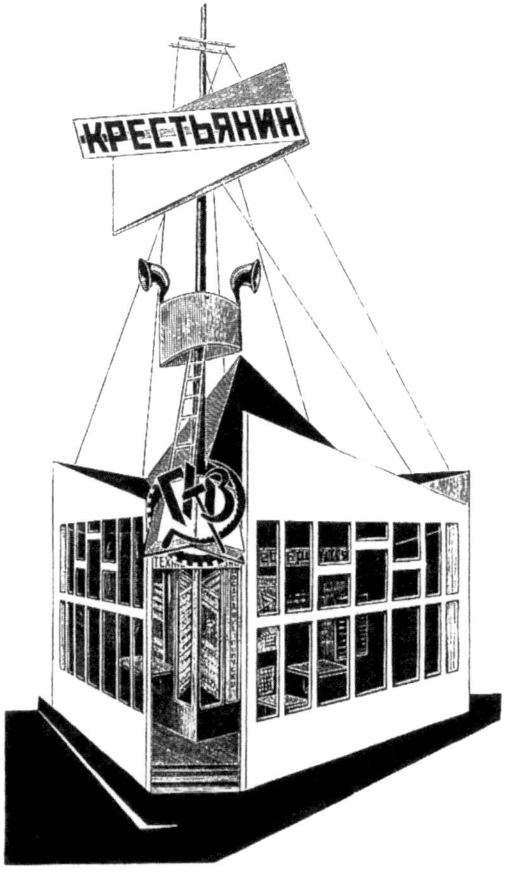

Советизация деревни идет различными путями. Трактор и электрификация, кооперирование сельского населения, новые способы культурной обработки земли, политико-просветительная работа и многое другое — все в целом — составляет ту колоссальную социально-культурную деятельность, которую развивает в деревне Советская власть, партия и пролетарская общественность.

Вовлеченные в строительство новых общественных и хозяйственных форм крестьяне — в силу недостатка средств — продолжают пребывать в старых условиях домашнего быта двора-избы, и даже их общественные очаги, которые становятся уже неотъемлемой частью советской деревни (избы-читальни, клубы и прочее) так же остаются архитектурно неоформленными.

В деревнях-селах попрежнему только церковь является, так сказать, архитектурным местом. Ей нет соперника здания в деревне, которое бы своим пребыванием в архитектурной среде сельских строений агитировало за новый быт деревни.

Учитывая наше экономическое положение и понимая, что в данное время трудно подойти к практическому осуществлению постройки новых зданий даже для общественных нужд деревни, хочется хотя бы в самых скромных размерах подойти к этой задаче вне очереди.

Настоящими соображениями и руководствовался автор проекта.

Киоск сконструирован так.

В смысле функционального назначения в нем должны увязаться две формы деятельности: торговая и общественная. Торговая — по сбыту литературы, писчебумажных материалов и принадлежностей; общественная — по обслуживанию местного населения культурной связью деревни с городом, через почту, радио и кино-экран. Кроме того, киоск должен стать центральным местом для массовых форм рабоче-крестьянской общественности.

Внешний вид его представляет из себя треугольник (план) со срезанными углами и скошенными фасадными плоскостями. Треугольник вызван теми обстоятельствами, что улицы деревни в большинстве не организованы, а установка его не должна рассчитывать на особое для себя планирование местности.

Сооружение же должно быть в одинаковой мере видно со всех точек зрения полно и равно.

Трех-ярусное построение по вертикали и трех-линейное разделение самого плана по горизонтали, также вызваны рабочими функциями киоска.

Фасадные плоскости срезаны для того, чтобы сток воды и сползание снега происходило в трех направлениях, а не в шести. Это дало возможность расширить кубатуру второго яруса и использовать ее под помещение для товара.

Материальное оформление — дерево, листовое железо и стекло.

Андрей Новиков.

coherente. En el quiosco rural, las paredes blancas parecen reflejar elementos del estilo internacional europeo, que Gan debía conocer por revistas como *L'Esprit Nouveau* y *Vesch/Gegenstand/Objet*, con las que estaba claramente familiarizado considerando que las mencionó en *El constructivismo* y que había publicado algunos de sus artículos en *Kinó-Fot*.[178]

Las consideraciones ideológicas eran visiblemente un factor significativo en la concepción del diseño. La expresividad del diseño exterior estaba destinada a prestar una función política y reforzar el papel del quiosco como centro de difusión del mensaje comunista. Visualmente, el quiosco parecía una pieza de arquitectura urbana en un entorno rural, un elemento discordante pero también provocador y llamativo. Como edificio distintivo, muy diferente a las estructuras contiguas, destacaba tanto como la iglesia, que previamente había sido la estructura arquitectónica más relevante del pueblo y la fuente de los valores religiosos que hasta ese momento habían dominado la vida campesina. El quiosco tenía que ser visible desde todos los puntos del pueblo.[179] Igualmente la modernidad del quiosco enfatizaba los nuevos valores del comunismo. De este modo, el diseño de Gan actuaba como una pieza de propaganda visual contribuyendo a la «sovietización del campo» y funcionaba como «un vínculo cultural entre la ciudad y el pueblo».[180] En un intento de transmitir estructuralmente la importancia del papel ideológico que el quiosco desempeñaría en la vida de la comunidad, Gan convirtió su diseño en un elemento permanente de propaganda y haciendo que se pareciera literalmente a un buque insignia. La imaginería náutica se utilizó en la disposición tipo proa de la fachada y en las estructuras del tejado que se hacían eco de los aparejos, las cofas de vigía y las chimeneas propias de los barcos.

Aunque estos rasgos náuticos otorguen al quiosco rural de una presencia llamativa y le conviertan en una arquitectura excitante, de alguna manera las referencias marineras pueden parecer inapropiadas en el entorno rural de las vastas regiones interiores rusas. Por supuesto, los buques contemporáneos se habían convertido en paradigmas de eficiencia para arquitectos como Le Corbusier, y puede que Gan los utilizara para evocar los logros de la arquitectura contemporánea y de la ingeniería. También es posible, sin embargo, que estuviera imbuyendo a su diseño de una connotación revolucionaria más específica aludiendo al acorazado Aurora, que dio la señal que precipitó el ataque bolchevique contra el Palacio de Invierno el 25 de octubre de 1917. El acorazado había llamado a la población de Petrogrado a unirse a la Revolución. Presumiblemente, Gan esperaba que la sala

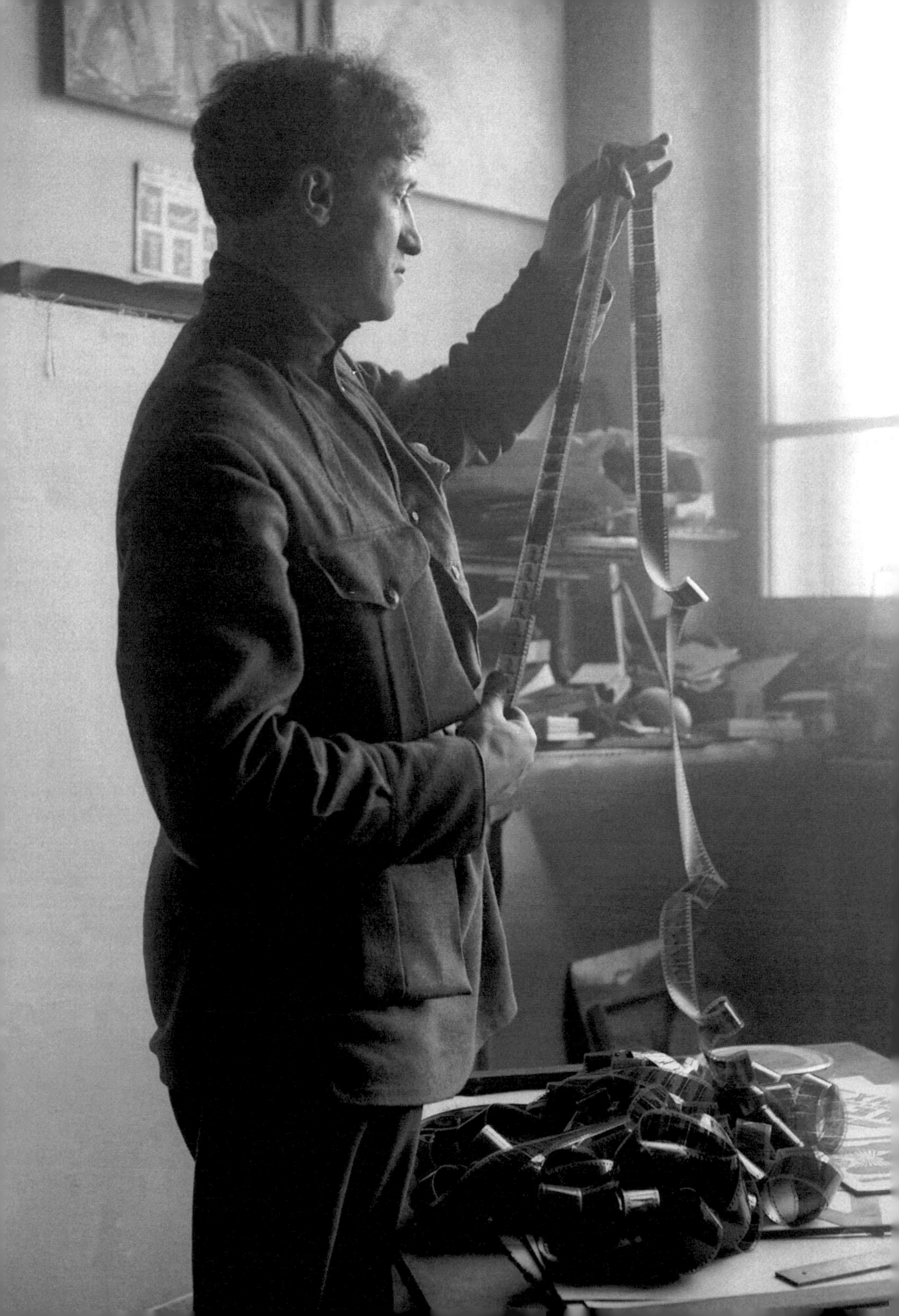

de lectura rural congregase a los lugareños para que se impregnaran del mensaje revolucionario y actuase como foco para engendrar y promover la revolución en el campo.

Por otra parte, el diseño de Gan exhibe un pragmatismo admirable. El quiosco tenía que estar construido en madera, cristal y metal, y se dividía vertical y horizontalmente a fin de proporcionar espacios para las diversas funciones del edificio. La planta del edificio era triangular ya que la mayoría de pueblos no estaban construidos sobre la base de un entramado regular y, por tanto, un formato triangular sería más adaptable y encajaría con más facilidad en los espacios disponibles. La inclinación abrupta de las paredes y de los tejados se justificaba por razones climáticas: tenía como función canalizar la nieve y la lluvia de manera que la entrada quedara despejada. A pesar de todo, este diseño tiene un estilo decididamente más retórico que las estructuras efímeras de Gan, como los puestos de venta plegables y su quiosco de libros, y no hay pruebas de que alguna vez se llegara a fabricar. Para Gan, el diseño y producción de artículos como estos era una evidencia importante de que «el constructivismo no sólo había solucionado teóricamente el problema de la racionalización del trabajo artístico sino que ya estaba poniendo en práctica sus nuevas formas y participando en la construcción de la cultura material del presente».[181]

Gan y el cine constructivista

Además de estar interesado en la teoría y práctica del cine y de publicar los últimos logros en estas áreas, así como información de películas específicas, su contenido y técnicas en *Kinó-Fot*, *¡Viva la demostración de la vida!* y varios artículos, Gan también hizo cuatro películas entre 1924 y 1925. *La isla de los jóvenes pioneros* (*Óstrov yunij pionerov*); *El séptimo de octubre* (*Sedmói oktiabr*); *Sindicatos* (*Treid-yunioni*), y *Hola, cuadrilla de trabajadores* (*Privet, kadrony*). Ninguna de ellas fue un gran éxito y no han sobrevivido como largometrajes. No obstante, en los archivos de Gosfilm (Compañía de Cine Estatal) se conservan algunas secuencias de *La isla de los jóvenes pioneros* y también se conocen algunos fotogramas que ilustraron las reseñas de la película.

Supuestamente, *La isla de los jóvenes pioneros*, era un documental. El impulso inicial para realizar la película fue una campaña para atraer a jóvenes de clase trabajadora a la práctica del cine, orquestada por la Sociedad de los Constructores del Cine Proletario (*Óbschestvo stroitelei proletárskogo*

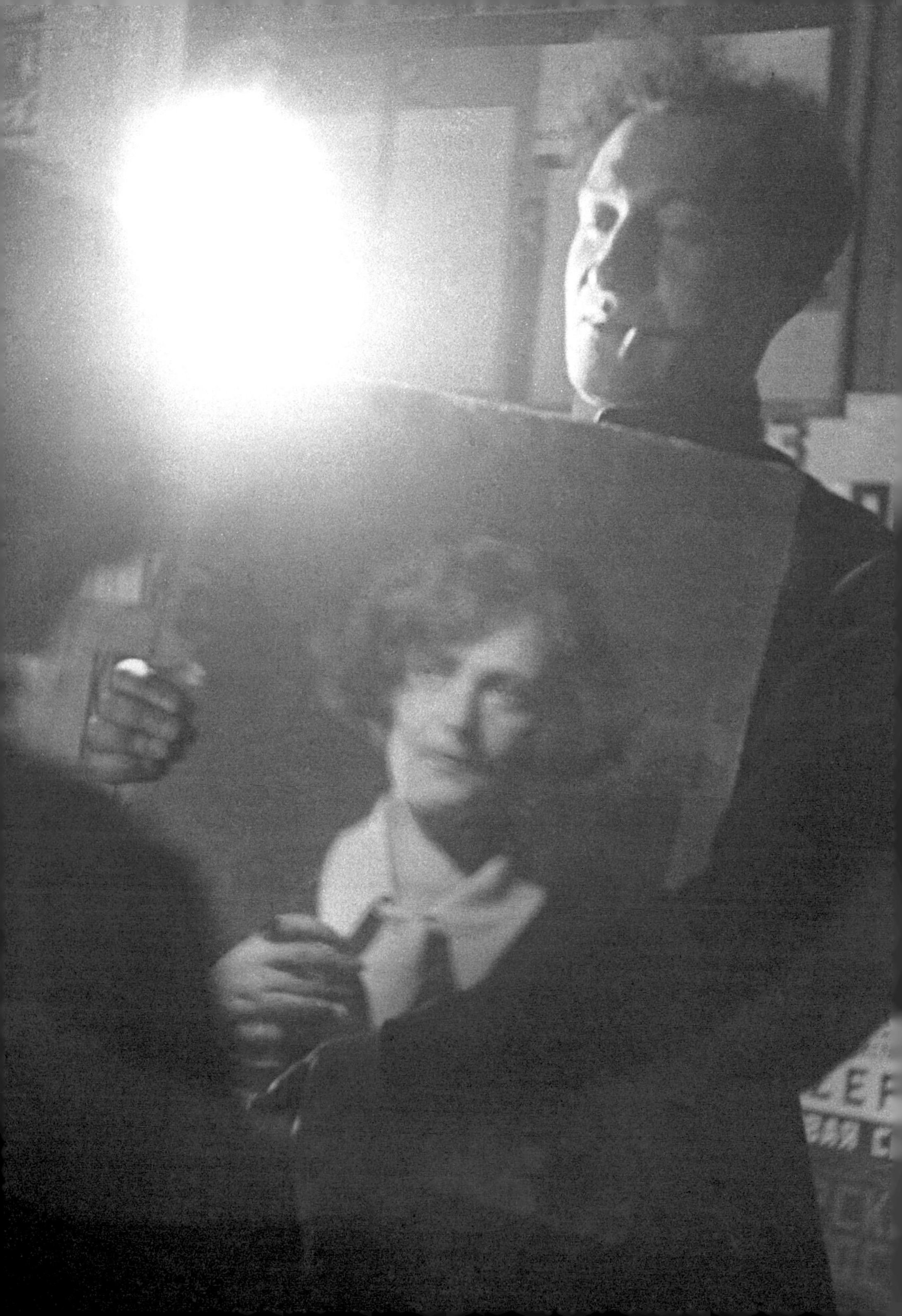

kinó – OSPK) y organizada por Proletkinó (*Proletarskoe kinó* – Cine proletario).[182] Desde 1918 en adelante, Gan había abogado por un teatro proletario hecho por proletarios, así que naturalmente habría avalado una campaña para promover la realización de películas proletarias a cargo de proletarios. También había declarado su oposición a las películas interpretadas en contraposición al documental tanto en *Kinó-Fot* como en otros medios. Afirmó: «El decorador, el actor y el director no son necesarios en el cine, ¡es más!, son perjudiciales para su desarrollo».[183] Elaboró este punto de vista en *¡Viva la demostración de la vida!*, el cual trataba detalladamente el trabajo de Vértov. En este texto Gan argumentaba que la vida real presentaba el tema más valioso para el cineasta y destacaba que «por encima de todo es esencial aprender a capturar la vida cotidiana».[184] Elaboró la idea:

> Uno tendría que estar ciego para no darse cuenta de cómo la vida cotidiana se desarrolla de forma dialéctica, creciendo a partir de las nuevas relaciones industriales y sociales. Es esencial poder discernir la fluidez de sus formas y comprender que surgen directamente de la complejidad de un momento político cambiante, así como de las condiciones de una economía en declive o renovación. Entonces, queda claro que la vida cotidiana como forma material de una sociedad humana basada en los objetos [...] se estabilizará y preservará, se inmovilizará, y luego, por el contrario, se transformará de nuevo en el periodo tempestuoso de la reconstrucción revolucionaria. [...] Ésta es la fuerza vital y auténtica de la vida cotidiana cuando su contenido revolucionario se hace menos intenso, se suaviza y externaliza en la realidad formal y material de las masas activas: sólo el cine puede capturar esto con éxito y a través del montaje transmitirlo en las pantallas de los auditorios de masas.

En esta descripción reconocemos los puntos de vista acerca del cine que Gan expresó en *Kinó-Fot*: la necesidad de capturar la vida en su transformación revolucionaria y asistir a ella. Aunque *¡Viva la demostración de la vida!* también contiene una evocación poética de las relaciones humanas y de las emociones, que inesperadamente revelan la humanidad de Gan:

> Observar cuidadosamente los aspectos más variados de la vida, como encontrando formas desconocidas de fenómenos a cada paso, una interminable cadena de nuevas expresiones de vida que los ciudadanos de la República Soviética adoptan de modo individual o colectivo. Estudiando sus movimientos, escuchando sus conversaciones, detectando conexiones,

> discerniendo relaciones, empiezas a entender a este flujo energético e incesante de gente como una forma que se mueve continuamente con un contenido en constante evolución. Es imposible esclarecer el funcionamiento de este entorno bullicioso y desenfrenado, la esencia de este nuevo funcionamiento no salta a la vista puesto que aparece ahí donde las condiciones materiales chocan con la voluntad y los deseos humanos.[186]

Fue probablemente con la aspiración de capturar este flujo de interacciones y relaciones humanas que Gan se embarcó en el rodaje de *La isla de los jóvenes pioneros* con el apoyo financiero de Vértov.[187] Mijaíl Vladimirski fue el cámara, y la película se rodó en un auténtico campamento de pioneros (del distrito Bauman de Moscú) a orillas del río Moscova en la región de Zvenigorod.[188] Gan fue el director y Esfir Shub, la montadora.[189]

La película suscitó un gran escándalo porque no era un documental, sino una película interpretada, a pesar de todas las teorías y protestas de Gan que aseguraba que «no hay ni rastro de actuación profesional en ninguno de mis trabajos».[190] De hecho, a pesar de no contar con actores profesionales, los pioneros representaron el argumento narrativo de la película siguiendo un guión a cargo de Vladímir Verevkin, la historia de dos niños confrontados al alcoholismo de su padre que consiguen reformarlo gracias a la ayuda del colectivo de pioneros. No es de extrañar que la película suscitara algunos ataques virulentos contra Gan, algunas reseñas muy negativas y condujera a la ruptura con Vértov, que criticó duramente a su excolega y amigo.[191]

El desacuerdo también ha caracterizado las valoraciones académicas de la película. Romberg considera que Gan estaba tratando de reconciliar la marcada división entre ficción y documental utilizando el guión como un estímulo para la acción más que una camisa de fuerza impuesta, en un intento de fusionar aspectos del arte y de la vida en un nuevo enfoque. Por el contrario, Lavréntiev tilda la película de torpe y poco artística y declara que «Vértov era un artista. Gan, un sociólogo».[192]

A pesar de los ataques, Gan no renunció totalmente a su interés por el cine. En 1926 hizo campaña a favor de un instituto dedicado a los documentales de actualidad. Proponía que tal institución recopilara todos los noticiarios realizados en la Unión Soviética, brindando apoyo a los cineastas especializados en documentales y noticieros y encargándose de que estos gozaran de unas condiciones de trabajo tan favorables como las de aquellos que rodaban películas comerciales.[193]

Manteniendo viva la llama constructivista

A Gan le preocupaba mantener viva la llama del constructivismo puro y estaba comprometido con la noción original de constructivismo tal y como la había enunciado en el «Programa del Grupo de Constructivistas en Acción» en marzo de 1921. Como aspecto de esta estrategia, hizo hincapié en la distinción que existía entre el constructivismo de la Unión Soviética y el de la Europa occidental. En *El constructivismo* afirmó que la revista berlinesa *Vesch/Gegenstand/Objet*, editada por El Lissitzky e Ilyá Ehrenburg y de la que se publicaron dos números en la primavera de 1922 (nº 1-2 y 3), correspondía exclusivamente al constructivismo occidental, y se esforzó en disociarlo del constructivismo soviético.[194] Destacó: «El error fundamental de los camaradas Ehrenburg y Lissitzky es que no consiguen romper con el arte. Se limitan a denominar constructivismo al nuevo arte».[195] Otros teóricos, como Borís Arvatov, compartían la opinión de Gan considerando abiertamente que la revista *Vesch/Gegenstand/Objet* no era constructivista.[196] Aunque es posible que la hostilidad de Gan no fuera meramente teórica, quizá la reforzase por consideraciones tácticas. Tal vez Gan quisiera librar al constructivismo soviético de cualquier sospecha de relación con la inmigración, especialmente a principios de los años veinte, cuando la vanguardia había perdido su posición de influencia en el gobierno y estaba perdiendo el apoyo oficial. Además, el régimen empezaba a promover el realismo, y la Nueva Política Económica (que permitía que la empresa libre a pequeña escala coexistiera con la industria pesada dirigida por el Estado) conducía a la reaparición de una clase empresarial con escasos valores culturales.

La intransigencia de Gan, su riguroso compromiso con el comunismo, su extremismo en contra del arte y su firme oposición a cualquier atisbo de estilización o esteticismo en el proceso de diseño pudo ser una de las causas de las múltiples divisiones que plagaron la historia del constructivismo en la Unión Soviética. En enero de 1922 los hermanos Stenberg y Medunetski celebraron su propia exposición reivindicando de manera clara su independencia del resto del grupo y su propia identidad como constructivistas.[197] En respuesta a este acontecimiento Gan añadió «Primero» al nombre del grupo para distinguirse junto a Ródchenko y Stepánova de estos artistas más jóvenes.[198]

Gan era una figura influyente a principios de 1923, probablemente debido a sus publicaciones, en particular *Kinó-Fot* y *El constructivismo*. En febrero el artista Nikolái Kupreyánov observó que «Moscú estaba habitado principalmente por los

Sidorovitas (seguidores del crítico de arte conservador Alekséi Sídorov) y en menor medida por los Ganitas (los seguidores de Gan)».[199]

Parece que en 1924, Gan sufrió una ruptura creativa con Stepánova y Ródchenko. En la Primera Exposición de Debate de Asociaciones de Arte Revolucionario Activo, celebrada en 1924, el Primer Grupo de Constructivistas en Acción ya no los incluyó sino que se presentó como integrado por Gan y un pequeño grupo de acólitos: Georgui Miller, L. Sanina, Aleksandra Miroliubova y las hermanas Galina y Olga Chichagova. En el catálogo, Gan explicaba que «los verdaderos constructivistas, no los de palabra, llevan a la vida un objeto de valor real, mejorando su calidad y estableciendo su papel social y organizando su forma en una relación orgánica con su significado y objetivo utilitarios».[201]

Es evidente que la ruptura no fue personal puesto que Stepánova, Ródchenko, y Gan continuaron siendo amigos. En 1925, Ródchenko escribió a Stepánova desde París:

> Dile a Aliosha [Gan] que nuestros maestros [Vértov *et al.*] no son reconocidos en el extranjero, sólo los suyos o quienes siempre han vivido aquí [occidentales o residentes permanentes]; que copiarán todo lo bueno [...] Lamento mil veces haber dado obra a la exposición [...]
> Y debemos mantenernos unidos y crear una nueva relación entre obreros en el trabajo del arte. No podemos organizar una vida cotidiana si nuestras propias relaciones se asemejan a las de los bohemios en Occidente. Ahí radica el problema. En primer lugar, está nuestro día a día. En segundo lugar, debemos escoger bien, mantenernos unidos y creer los unos en los otros [...]
> Aliosha es un individualista y, como Tatlin, ha empezado a pensar que él es el [único] constructivista puro.[202]

Tras recibir comentarios mordaces por *La isla de los Jóvenes Pioneros* y haber fracasado en conseguir una proyección de la película en occidente, parece que Gan decidió renunciar a hacer cine. En junio del 1925, Ródchenko escribe desde París: «¿Qué? ¿Que Aliosha ha dejado el cine?».[203] Ródchenko había apoyado la actividad de Gan en este campo y había exhibido un cartel de la película de su amigo en las paredes del Club de los Obreros en la exposición de París de 1925.[204] En este punto, parece que Gan tuvo problemas importantes. El 16 de mayo de 1925, Stepánova escribió a Ródchenko.

> Ayer se produjo otra escena difícil con Aliosha. Resulta duro describirla en detalle, pero lo esencial es que le hemos olvidado y que se siente perseguido. Está celoso de [Vitali] Zhemchuzhni. Estaba algo borracho e incluso lloró. Pero aun así, me gustaría que le escribieras una carta amistosa. Bueno, creo que entenderás que su situación es difícil.[205]

Sin duda, Gan estaba en su momento más enérgico y comprometido, y expresó sus ideas más radicales en la primera mitad de la década de 1920, cuando todavía le entusiasmaba la visión de un nuevo tipo de vida en la Unión Soviética y se apoyaba en la convicción de que podía concretarse. En 1925 se mostraba menos seguro y empezó a reconocer que la revolución con la que soñaba ya no era factible. Escribió a su esposa que el presente era «increíblemente complicado»:

> Por una parte, hacemos progresos, es decir, nuestra economía se recupera, pero, por otro lado, tenemos que volver a los libros de lectura elementales, a los cuadros, a los espectáculos, a las películas dramáticas, etc. Para mí, esto significa abrazar ese trabajo y rechazar todo aquello a lo que me he dedicado durante estos años, o no abandonar mi producción (tipografía, cine y estructuras, sobre todo), y dedicarme ahora exclusivamente al trabajo teórico y científico. El tiempo de los eslóganes [...] ha pasado en general y para mí *en particular*.[206]

A pesar de los periodos que pasó ingresado en hospitales psiquiátricos a finales de la década de 1920, Gan continuó activo e incluso se involucró en la organización del grupo Octubre, que representa una de las posturas finales adoptada por los artistas vanguardistas que estaban vinculados al constructivismo.[207] El grupo Octubre fue un intento de unir las figuras de la innovación creativa en contra de los grupos realistas de arte y literatura patrocinados por el gobierno, especialmente los agresivos artistas realistas de la Asociación de Artistas de la Revolución (*Assotsiatsiya judózhnikov revoliutsi* – AJR). Como el «Programa del Grupo de Constructivistas en Acción», la declaración de Octubre abrazaba explícitamente la revolución bolchevique, destacaba el papel del diseño en la conquista del comunismo, pero otorgaba también un espacio al arte puro en esta trayectoria. De ahí que declarase que un artista es «un combatiente activo en el frente ideológico de la revolución proletaria» que debe «crear nuevos tipos y un nuevo estilo de arte espacial», «diseñar materialmente las masas, las formas colectivas de la nueva vida» y «organizar la conciencia, la voluntad y las emociones del proletariado y las masas trabajadoras con la máxima fuerza». Abogaba por la «cooperación orgánica de las formas del arte espacial», subrayaba la importancia de las artes industriales y la necesidad de «un arte de las masas». También indicaba cinco áreas de actividad: «la arquitectura y la construcción racional de nuevos edificios; el diseño artístico de objetos para la producción en serie; el diseño artístico de centros como clubes de obreros para el nuevo estilo de vida colectivo; la organización de festivales de masas; y la educación artística. Además, impugnó la validez de cualquier grupo creativo a la dominación, que reconoció como una «contradicción radical de la política artística del partido y del gobierno», que promovía AJR y agrupaciones similares. Figuras como Gustavs Klucis, Aleksandr Vesnín y Aleksandr Ródchenko se afiliaron. Pero ya había indicaciones de que las cosas no iban bien y las preferencias oficiales por los enfoques artísticos tradicionales aseguraron que esta organización fuera efímera.

Al parecer, Gan dejó de ser una presencia activa de vanguardia hacia finales de 1928, justo después de su ingreso en un hospital. Sin embargo, su nombre siguió figurando en el consejo de redacción de *SA*, y el formato que diseñó para la portada se mantuvo, aunque a partir del cuarto número de 1929 variaba con frecuencia. Del mismo modo, en las páginas interiores se siguió empleando el énfasis tipográfico de Gan y las líneas marcadas, aunque a menudo se emplearan con menor efecto dramático.

A pesar de que el hombre desapareciera, su contribución perduró. Gan no sólo articuló las ideas de los constructivistas sino que también amplió y desarrolló las teorías en que se basaba su práctica. Fue Gan, el primero en adelantar la noción de la fotografía constructivista en 1922. Fue Gan, el que forjó una relación entre el constructivismo y el cine. Fue Gan, el que dio los primeros pasos para desarrollar la teoría y la práctica de la tipografía constructivista. Fue Gan también, el primero en destacar la necesidad de una nueva arquitectura. Además, aunque fuera poco reconocido, se puede considerar que Gan fue un diseñador innovador, especialmente en el campo del diseño gráfico e industrial. Gan es uno de los héroes desconocidos del constructivismo. Como Stepánova observó: «No es tan fácil promover el constructivismo y es aún más difícil rechazar el arte y comenzar a trabajar en la producción».[208] Gan aceptó estas dificultades con entusiasmo. Creó la teoría del constructivismo, hizo campaña a favor del movimiento y trató de ponerlo en práctica en su tipografía, diseño y trabajo cinematográfico, promoviendo infatigablemente y publicitando los principios en los que creía con tanta firmeza y que, estaba convencido, conducirían en último término a un mundo mejor y ayudarían a desarrollar una sociedad comunista.

NOTAS DE LA INTRODUCCIÓN

1. Para las primeras biografías breves y estudio de la obra de Gan, véase Szymon Bojko, *New Graphic Design in Revolutionary Russia* (Nueva York y Washington: Praeger Publishers, 1972), p. 146; John E. Bowlt, ed. y trad., *Russian Art of the Avant-Garde: Theory and Criticism* 1902-1934 (Nueva York: The Viking Press, 1976), pp. 214-217; y Christina Lodder, Russian Constructivism (New Haven y Londres: Yale University Press, 1983), pp. 98-99 y 243-244.

2. Véase, por ejemplo, Aleksandr Lavréntiev, «Zagadka Alekseya Gana», *Da!*, n.° 2-3 (1995), pp. 3-10; y Catherine Cooke, «Sources of a Radical Mission in the Early Soviet Profession: Aleksei Gan and the Moscow Anarchists» en Neil Leach, ed., *Architecture and Revolution: Contemporary Perspectives on Central and Eastern Europe* (Londres y Nueva York: Routledge, 1999), pp.13-37.

3. A. N. Lavréntiev, *Aleksei Gan* (Moscú: S. E. Gordeev, 2010).

4. Kristin Romberg, «Labor Demonstrations: Aleksei Gan's Island of the Young Pioneers, Dziga Vertov's *Kino-Eye*, and the Rationalization of Artistic Labor», *October*, (Nueva York) n.° 145 (verano de 2013); Kristin Romberg, «Tektonika», en Serguéi Ushakin, ed., *Formy i struktury. Antologuiya rossíiskogo modernizma* (Moscú: Kabinetnyi ucheni, 2013; Kristin Romberg «Aleksei Gan's Constructivism 1918-1928» (Tesis de la Universidad de Columbia, Nueva York, 2010); y su próximo libro sobre Gan.

5. Véase Lodder, *Russian Constructivism*; y S. O. Khan-Magomedov, *Vhutemas: Moscou 1920-1930* (Paris: Éditions du Regard, 1990).

6. Várvara Stepánova, *Chelovek ne mozhet zhit bez chuda. Pisma. Poeticheskie opyty. Zapiski judozhnitsy*, ed. O. V. Melnikov (Moscú: Izdátelstvo Sfera, 1994), p. 108.

7. Para detalles biográficos de Gan, véase «Aleksei Gan's Constructivism» de Romberg.

8. Romberg, «Tektonika».

9. Véase A. I. Konopleva, «Alekséi Mijáilovich Gan», *Kinovedcheskie zapiski* (Moscú), n.° 49 (2006), pp. 212-221.

10. Romberg, «Tektonika».

11. Stepánova, *Chelovek*, p. 104.

12. Para aspectos sobre su relación, véase V. V. Zabrodina, «'... Bolezn' moya innogo poryadka'. Pisma Alekseya Gana Esfiri Shub», *Kinovedcheskie zapiski*, n.° 49 (2006), pp. 222-228; y V. V. Zabrodina, «Pismo Esfiri Shub Alekseyu Ganu», *Kinovedcheskie zapiski*, n.° 49 (2006), pp. 229-230.

13. Konopleva, «Alekséi Mijáilovich Gan».

14. Konopleva, «Alekséi Mijáilovich Gan».

15. Viktor Vesnin, cited in Zabrodina, «'... Bolezn' moya innogo poryadka'», pp. 229.

16. Stepánova, *Chelovek*, p. 66.

17. Lavréntiev, Alekséi Gan, p. 79.

Teatro revolucionario

18. A. Gan, «Togdá, teper i my», *Anarjiya* (Moscú), (26 de abril de 1918).

19. Romberg, «Tektonika».

20. A. Gan, «Togda, teper i my».

21. A.A Gvozdaev y ADR. Piotrovski «Petrogradskie teatry i prázdnestva epoju voénnogo kommunizma» en V. E. Rafalovich, ed., *Istoria sovétskogo teatra* (Leningrado, 1933), p. 262.

22. Para una historia de Proletkult, véase Lynn Mally, *Culture of the Future: The Proletkult Movement in Revolutionary Russia* (Berkeley, Los Angeles y Oxford: University of California Press, 1990). Mally no menciona a Gan.

23. Véase Alekséi Gan, «Borba za Massovoe Deistvo» en I. Aksenov, B. Arvatov, E. Beskin, V. Blyum, A. Gan, O. Blyum, M. Zagorski, V. Rappoport, L. Sabaneev, V. Tijonovich y B. Ferdinandov, O teatre (Tver, 1922), p. 51. Gan da la fecha de 28 de diciembre de 1920.

24. Citado en E. Sidorina, «Liki konstruktivizma», *Iskusstvoznanie* (Moscú), volumen 1, núm. 2 (2007), p. 477.

25. «Vozzvanie sektsii massovyj predstaveleni i zrelisch», Véstnik teatra (Moscú), n.° 50 (1920), p. 2.

26. Véase Konstantin Rudnitsky, Russian and Soviet Theatre: *Tradition and the Avant-Garde*, trad. de Roxane Permar, ed. Lesley Milne (Londres: Thames and Hudson, 1988), p. 60.

27. A. Gan, «Nasha borba», *Véstnik teatra*, n.° 75-77 (29 de noviembre de 1920), p. 6.

28. Stepánova, Chelovek, p. 147. Ródchenko enumeró trece de estos diseños de vestuario para mostrarlos en la Exposition Internationale des Arts Décoratifs et Industriels Modernes, París, 1925. Véase *Aleksandr Rodchenko: Experiments for the Future: Diaries, Essays, Letters and Other Writings*, trad. Jamey Gambrell (Nueva York: The Museum of Modern Art, 2005), p. 149.

29. *Aleksandr Rodchenko: Experiments for the Future*, p. 128.

30. *Aleksandr Rodchenko: Experiments for the Future*, p. 128.

31. Lavréntiev, *Alekséi Gan*, p. 60. Sin embargo, la lista de trajes de Ródchenko para la exposición de París de 1925 incluyó las palabras «*Nosotros*, texto de Alekséi Gan», insinuando que realmente existió un libreto (*Aleksandr Rodchenko: Experiments for the Future*, p. 149).

32. Véase «Plan organizatsi pervomaiskij torzhestv na ulitsaj Moskvy, prazrabotannyi sektsiei massovyj predstaveleni i zrelisch teatrálnogo otdela Narkomprosa», Véstnik teatra, n.° 51 (5-8 de febrero de 1920), pp. 6-8; traducción inglesa en Vladímir Tolstói, Irina Bibikova y Catherine Cooke, eds. *Street Art of the Revolution: Festivals and Celebrations in Russia 1918-33*, trad. de Frances Longman y Vladimir Vnukov (Londres: Thames and Hudson, 1990), pp. 124-6.

33. «Plan organizatsi», Street Art, p. 12.

34. Véase «Soobscheniya ob organizatsi prázdnovaniya 1 Maya 1920 v Moskvé», *Véstnik teatra*, n.° 62 (27 de abril - 2 de mayo de 1920), p. 13; *Street Art*, 126.

35. «Plan organizatsi», *Street Art*, p. 125.

36. Véase Catherine Cooke, *Russian Avant-Garde: Theories of Art, Architecture and the City* (Londres: Academy Editions, 1995), pp. 23-24.

37. Para una descripción completa de esta acción de masas y una indicación de su importancia para el ulterior desarrollo del diseño constructivista, véase Christina Lodder, «Lyubov Popova: A Revolutionary Woman Artist» en Christina Lodder, *Constructive Strands in Russian Art 1914-1937* (Londres: Pindar Press, 2005), pp. 426-458, sobre todo pp. 428ss.

Creando vínculos con artistas vanguardistas

38. Lavréntiev, *Alekséi Gan*, p. 11. Estas colecciones fueron totalmente nacionalizadas y fusionadas en noviembre de 1918.

39. *Aleksandr Rodchenko: Experiments for the Future, p. 80.*

40. *Anarjiya* se publicó en Moscú desde septiembre de 1917 hasta julio de 1918, por Aba y Zeev Gordin. Lo editó V. V. Barmash. Para más detalles, véase A. D. Sarabyanov, «Statí v gazete 'Anarjiiya' (1918)», en Kazimir Malévich, *Sobranie sochinenii v pyati tomaj*, ed. A. S. Shatskij (Moscú: Gileya, 1995), volumen 1, pp. 330-332; y Nina Gourianova, The Aesthetics of Anarchy: Art and Ideology in the Early Russian Avant-Garde (Berekeley) Los Angeles y Londres: University of California Press, 2012), pp. 220ss.

41. Véase A. Gan, «Revolyutsiya i narodni teatr», Anarjiya, n.° 12 (marzo de 1918); y Sarabyanov, «Statí v gazete 'Anarjiya' (1918)», p. 331.

42. Véase Sarabyanov, «Statí v gazete 'Anarjiya' (1918)», pp. 330-332.

43. A. Gan, A. Morgunov y K. Malevich, «Zadachi iskusstva i rol dushitelei iskusstva», *Anarjiya*, n.° 26 (23 de marzo de 1918); Traducción inglesa en Kazimir S. Malevich, *Essays On Art 1915-1933*, ed. Troels Andersen, trad. de Xenia Glowacki-Prus y Arnold McMillin (Copenhagen: Borgen, 1968), vol. 1, pp. 49-50.

44. Véase, por ejemplo, A. Gan, «Osobnyak Morózova», Anarjiya, n.° 21 (19 de marzo de 1918); y Sarabyanov, «Statí v gazete 'Anarjiya' (1918)», pp. 332, 337.

45. Anuncio, *Anarjiya*, n.° 72 (30 de mayo de 1918); citado in Gourianova, *The Aesthetics of Anarchy*, p. 225.

46. *Una bofetada al gusto del público*, manifiesto futurista de 1912. Véase D. Burliuk, Aleksandr [Alekséi] Kruchenyj, V. Mayakovski, Víktor [sic.] Jlébnikov, «Poschéchina obschéstvennomu vkusu», en *Poschéchina obschéstvennomu vkusu* (Moscú: G. L. Kuzmin, 1912); Traducción inglesa en Anna Lawton, ed., *Russian Futurism through its Manifestoes*, 1912-1928 (Ithaca y Londres: Cornell University Press, 1988), pp. 51-2.

47. Alekséi Gan, «Na obschéstvennom mitingue 7 yunya», Anarjiya, n.° 85 (15 de junio de 1918); Traducción inglesa adaptada de Gourianova, *The Aesthetics of Anarchy*, p. 224.

48. Stepánova, *Chelovek*, p. 66. Los maximalistas eran un ala extremista del Partido de los Revolucionarios Socialistas.

49. Romberg, «Tektonika».

50. *Prikazy Moskóvskogo Okruzhénogo Komissariata po voénnym delam* (Moscú), 2 de mayo de 1919-27 de diciembre de 1920, citado en Cooke, «Sources of a Radical Mission», pp. 29-30.

51. Veáse *Prikazy*; Cooke, «Sources of a Radical Mission», pp. 29-30.

52. B. K[ushner], «Kommunisty-Futuristy», *Iskusstvo kommuny* (Petrogrado), n.° 9 (2 de febrero de 1919), p. 3; y «Organizatsiya Komfutov», *Iskusstvo kommuny*, n.° 8 (26 de enero de 1919), p. 3.

53. A. Valyuzhenich, O. M. Brik. *Materialy i biografi* (Moscú: Niva, 1993), p. 221.

54. Véase I. Vakar and T. Mikhienko, eds., *Malévich o sebe. Pisma. Dokumenty. Vospominaniya. Kritika* (Moscú: RA, 2004), vol. 1, p. 140.

55. Stepánova, *Chelovek*, p. 104.

56. Véase Gan y la solicitud de Malévich con el fin de obtener entradas para asistir a la conferencia del museo, 11-18 de febrero de 1919, Petrogrado, en *Malévich o sebe*, vol. 1, p. 416.

57. Stepánova, *Chelovek*, p. 104.

58. Stepánova, *Chelovek*, p. 67.

59. Varst, «Rabochi klub. Konstruktivist A. M. Ródchenko», *SA*, n.° 1 (1926), p. 36; Kazimir Malévich, «Pismo k redaktsiyu», *SA*, n.° 5 (1928), p. 156; y K. Malévich «Forma, tsvet i oschuschenie», ibid., pp. 157-159.

60. Véase *Malévich o sebe*, vol. 1, p. 108.

61. Stepánova, *Chelovek*, p. 65.

62. Véase A. A. Sídorov, «Judozhestvennye vystavki», *Tvorchestvo*, n.° 2-4 (1920), p. 34; reeditado en *Malévich o sebe*, vol. 2, p. 526.

63. Véase Mijaíl Meilj, «Chelovek ochen srodni poezi...», pp. 45-6; citado en *Malévich o sebe*, vol. 1, p. 125.

64. Malévich, carta a Alekséi Kruchenyj, [18 de septiembre de 1920], en *Malévich o sebe*, vol. 1, p. 129; y Stepánova, Chelovek, p. 109. En su carta a Kruchenyj, Malévich se refirió a Unovis como «la afirmación de un nuevo arte» (*utverzhdenie nóvogo iskusstva*), un término que enfatiza la función de su nuevo grupo. El grupo, sin embargo, se registró como «Afirmadores» o «Campeones del nuevo arte» (*Utverditeli novogo iskusstva*). Véase *Malévich o sebe*, vol. 1, p. 442-444. Estoy en deuda con Maria Kokkori por esta información.

65. Kazimir Malévich, «Suprematizm kak Unovisskoe dokazatelstvo», manuscrito, [finales de 1921- principios de 1922], archivo privado, San Petersburgo; editado en Malévich, *Sobranie sochineni*, vol. 5, pp. 195-199; traducción inglesa, «Suprematism as Unovis Proof», en *Russian Avant-Garde 1910-1930: The George Costakis Collection: Theory – Criticism* (Atenas: Ministerio de Cultura, Galería Nacional y Museo Alexandros Soutzos; y Delphi: Centro cultural europeo de Delphi, 1996) p. 571. Malévich escribió este texto para una colección de artículos, «De la representación a la construcción» («Ot izobrazheniya k konstruktsi»), encargada por el Instituto de Cultura Artística de Moscú (*Institut judozhestvennoi kultury* – Injuk).

66. A. I. Konopleva, «Alekséi Mijáilovich Gan», *Kinovedcheskie zapiski*, n.° 49 (2006), pp. 212-221.

67. A. M. Gan, A. M. Ródchenko and V. F. Stepánova, "Kto my. Manifest gruppy konstruktivistov", [1922], texto mecanografiado, Archivo de Ródchenko-Stepánova, Moscú; reimpreso en Aleksandr Ródchenko, *Opyty dlya budúschego. Dnévniki. Stati. Pisma. Zapiski* (Moscú: Grant, 1996), pp. 127-129; Traducción inglesa en *Aleksandr Rodchenko: Experiments for the Future*, pp. 143-145.

68. Véase Alekséi Gan, «Spravka o Kazimire Maléviche», *SA*, n.° 3 (1927), pp. 104, 106; reimpreso en *Malévich o sebe*, vol. 2, pp. 539-541; Traducción inglesa: «Notes on Kazimir Malevich», en *Architectural Design* (Londres) vol. 5, n.° 5/6 (1989), pp. 35-36.

69. Alexej Gan, «Kasimir Malewitsch», *Moskauer Rundschau* (Moscú), (24 de noviembre de 1929).

El Grupo de Constructivistas en Acción

70. Stepánova, *Chelovek*, pp. 93, 108.

71. Stepánova, *Chelovek*, p. 108.

72. Stepánova, *Chelovek*, p. 92.

73. Stepánova, *Chelovek*, p. 93.

74. A. Gan, «Front judozhéstvennogo truda. Materialy k vserossiiskoi konferentsi levyj v iskusstve. Konstruktivisty», Ermitazh (Moscú), n° 13 (1922), p. 3.

75. Gan, «Front judozhestvennogo truda», p. 3.

76. «Report n.° 1», 1921, Archivo de Ródchenko-Stepánova; Traducción inglesa en S. O. Khan-Magomedov, *Rodchenko: The Complete Work* (Londres: Thames and Hudson, 1986), p. 290.

77. Véase Alekséi Gan, «'O programme i plane rabot Gruppy konstruktivistov», in S. O. Jan-Magomedov, *INJUK i rannyi konstruktivizm* (Moscú: Arjitektura, 1994), pp. 98-9; y «Report n.° 2», Khan-Magomedov, *Rodchenko*, p. 290.

78. Khan-Magomedov, *Rodchenko*, n° 14, pp. 92-3.

79. Para diversas declaraciones hechas por los constructivistas durante sus discusiones, véase Khan-Magomedov, Rodchenko, p. 92; Jan-Magomedov, *INJUK i ranni konstruktivizm*, p. 103; *Art into Life: Russian Constructivism* 1914-1932 (Henry Art Gallery, Seattle, WA.; y Nueva York: Rizzoli, 1990), pp. 67ss; y Maria Gough, *The Artist as Producer: Russian Constructivism in Revolution* (Berkeley, Los Angeles, Londres: University of California Press, 2005), pp. 71-73.

80. «Programa del Grupo de Constructivistas en Acción de Injuk» en Khan-Magomedov, *Rodchenko*, p. 290. El programa se publicó en 1922 (Gan, «Front judozhéstvennogo

truda»), y se elaboró en el libro de Gan (*Konstruktivizm*: Tver, 1922), reseñado por V. Zhemchuzhni, «Alekséi Gan 'Konstruktivizm'», Ermitazh, n.° 9 (1922), p. 8.

81. «Programa del Grupo de Constructivistas en Acción del Injuk» en Khan-Magomedov, *Rodchenko*, p. 290.

El constructivismo 1922

82. En 1922 Ródchenko y Gan, al parecer, trabajaron en un libro sobre el constructivismo, se ha conservado el esquema (Archivo de Ródchenko-Stepánova, Moscú, citado en Lavréntiev, *Alekséi Gan*, p. 70):
1. Pintura – caminos y etapas. *Faktura* y sus mecanismos. Espacio pictórico – como una entrada al espacio real. Espacio lineal.
2. Instrumentos y recursos de producción: 1) Preámbulo; 2) Línea – elemento; 3) Espacio.
3. Constructivismo. Objetivos y logros en la producción.
4. Ejecución de órdenes. Cortinas, emblemas. Servicio de té. Lámparas. Quiosco. Producción de *My*. Diseño de la casa de los Soviets (plano, fachada y sección transversal).

83. Aleksandr Grischenko y Aleksandr Shevchenko, «'Tsvetodinamos' i 'Tektonicheski primitivism'», *Dvenadtsataya Gosudárstvennaya vystavka. Tsvetodinamos i tektonicheski primitivizm* (Moscú: Otdel IZO NKP, VTsVB, 1919); reimpreso en I. Matsa, ed., *Sovetskoe iskusstvo za 15 let. Materialy i dokumentatsiya* (Moscú y Leningrado: Gosizdat, 1933), pp. 117-120.

84. Véase Romberg, «Tektonika».

85. S. I. Ozhegov, *Slovar rússkogo yazyka* (Moscú: Sovétskaya entsiklopediya, 1972), p. 727.

86. Alekséi Gan, *Konstruktivizm* (Tver: Tverskoe izdatelstvo, 1922), p. 61.

87. Gan, *Konstruktivizm*, p. 61.

88. Véase Vladímir Dal, *Tolkovi slovar zhivoago velikorusskoago* yazyka (San Petersburgo y Moscú: Izdanie knigoprodavtsa-tipografa M. O. Volfa, 1882), vol. 4, p. 404.

89. Véase Romberg, «Tektonika».

90. «Programa del Grupo de Constructivistas en Acción», en Khan-Magomedov, *Rodchenko*, p. 290.

91. Gan, *Konstruktivizm*, p. 61.

92. Stepánova, *Chelovek*, p. 168

93. Véase David Burliuk, «Kubizm» y «Faktura» en *Poschechina obschéstvennomu vkusu* (Moscú, 1912), pp. 95-101, and 102-110. Para la traducción inglesa de "Cubismo", véase Bowlt, *Russian Art of the Avant-Garde*, pp. 70-77.

94. Burliuk, «Faktura».

95. Vladímir Markov, *Printsipy tvórchestva v plasticheskij iskusstvaj. Faktura* (San Petersburgo: Unión de la juventud, 1914).

96. Estoy en deuda con Maria Kokkori por esta información.

97. Tatlin mostró sus «composiciones sintéticas y estáticas» (*sintezo-statichnyj kompozitsi*) en su estudio en el n° 37 de la calle Ostozhenka, Moscú, el 10-14 de mayo de 1914. Finalmente lo llamó «La Primera Exposición de relieves pictóricos». Véase Anatoli Strigalev y Jürgen Harten, eds., *Vladímir Tatlin: Retrospektive* (Colonia: DuMont Buchverlag, 1993), p. 386. Strigalev divide los relieves en tres grupos – pictóricos, espaciales y de esquina (ibid., p. 33, nota 37). Tanto Markov como Tatlin emplearon términos similares, *nabor materialov y materialnyi podbor* respectivamente, aunque ambos se traducen como «Selección de Materiales».

98. Véase, por ejemplo, Nikolái Punin, *Pamyatnik III internatsionala* (Petrogrado: IZO, NKP, 1921); y Lodder, *Russian Constructivism*, p 65.

99. «Programa del Grupo de Constructivistas en Acción», Khan-Magomedov, *Rodchenko*, p. 290.

100. Véase Dal, *Tolkovi slovar*, vol. 2, p. 152; y D. N. Ushakov ed., *Tolkovi slovar russkogo yazyka* (Moscú: Sovétskaya entsikopediya, 1935), vol. 1, p. 1443.

101. Véase Albert Gleizes y Jean Metzinger, *Du Cubisme* (París: Eugene Figuière, 1912); Traducción inglesa en Edward Fry, *Cubism* (Londres: Thames and Hudson, 1978), p. 107.

102. Vladímir Markov, «Printsipy novogo iskusstva», *Soyúz molodezhi* (San Petersburgo), n.° 1 (abril de 1912), pp. 5-14, n.° 2 (junio de 1912), pp. 5-18; Traducción inglesa en Bowlt, *Russian Art of the Avant-Garde*, pp. 25-38.

103. Ivan Puni, «Tvórchestvo zhizni», *Iskusstvo kommuny*, n.° 5 (5 de enero de 1919), p. 1.

104. Véase V. Dmitriev, «Pervi itog», *Iskusstvo kommuny*, n.° 15 (16 de marzo de 1919), p. 3.

105. Ushakov, *Tolkovi slovar*, vol. 3, 1939, p. 648.

106. Lyubov Popova, declaración en *Desyataya Gosudárstvennaya vystavka* (Moscú, 1918); reimpreso en Matsa, *Sovétskoe iskusstvo*, p. 112. En la misma declaración también empleó el término *akonstruktivnost* para designar la ausencia de construcción y de ahí la antítesis de arquitectura (*arjitektonika*). Los artistas también emplean los términos *zhivopisnoe postroenie* o *zhivopisni stroi* e incluso *struktura* para designar estructura pictórica.

107. Véase *Desyataya Gosudárstvennaya vystavka*, en Matsa, *Sovétskoe iskusstvo*, p. 113.

108. *XIX Vystavka VTsVB* (Moscú: Otdel IZO Narkomprosa, 1920), n.° 93-107 y 117.

109. Véase «Protokol zasedaniya Injuka», 1 de enero de 1921 y 21 de enero de 1921, Archivo de Ródchenko-Stepánova, Moscú.

110. Gan, «Borba za 'Massovoe Deistvo», p. 49.

111. «Programa del Grupo de Constructivistas en Acción», en Khan-Magomedov, *Rodchenko*, p. 290.

112. Alekséi Gan, «Konstruktivizm v poligrafi», *SA*, n.° 3 (1928), p. 80.

113. Gan, «Konstruktivizm v poligrafi», p. 80.

Expandiendo el constructivismo: *Kinó-Fot*

114. El primer número de *Kinó-Fot*, al parecer, se imprimió el 23 de agosto de 1922. Véase Alekséi Gan, carta a Esfir Shub, 23 de Agosto de 1922, RGALI, fondo 3035, op. 1, ed. khr. 105; reimpreso en Zabrodina, «'... Bolezn' moya innogo poryadka'». Gan planeó un libro de ensayos que se titularía *Kinó-Fot*, que reproduciría material ya publicado en la revista así como textos adicionales, incluidos artículos de Stepánova y Ródchenko. Véase Gan, prospecto sin título, [1923], archivo de Stepánova-Ródchenko, Moscú, citado en Lavréntiev, Alekséi Gan, p. 116. Gan también había preparado el n.° 7 de la revista, aunque nunca se publicó.

115. Alekséi Gan, *Da zdravstvuet demonstratsiya byta!* (Moscú, 1923).

116. Las siguientes obras de Ródchenko se reprodujeron en *Kinó-Fot*: n.° 1 – una pintura (1917), dibujo (1915), y tres collages; n.° 2 – dos construcciones espaciales (1919 y 1920); n.° 3 – dibujo de un edificio para los Soviets de Diputados, y dos fotomontajes; n.° 4 – un diseño de quiosco (1920), una construcción espacial (1921); n.° 5 – un diseño para un quiosco, dos construcciones espaciales (1918 y 1920), y cinco diseños gráficos para intertítulos de *Kinó-Pravda*.

117. Véase *Kinó-Fot*, n.° 3 (19-25 de septiembre de 1922), solapa frontal y pp. 2-6.

118. Alekséi Gan, «Kinematograf i kinematografiya», *Kinó-Fot*, n.° 1 (25-31 de agosto de 1922), p. 1; Traducción inglesa en Richard Taylor e Ian Christie, eds., *The Film Factory: Russian and Soviet Cinema in Documents* (Cambridge, MA.: Harvard University Press, 1988), pp. 67-68.

119. «Programa del Grupo de Constructivistas en Acción de Injuk», en Khan-Magomedov, *Rodchenko*, p. 290.

120. Gan, *Konstruktivizm*, p. 36.

121. A. V. Lunacharskii, «Zadachi gosudárstvennogo kinodela v RSFSR» en *Kinematograf. Sbornik statei* (Moscú, 1919), pp. 5-7; Traducción inglesa en Taylor y Christie, *The Film Factory*, pp. 47-49.

122. Vladimir Lenin, «Directive on Cinema Affairs»; Traducción inglesa en Taylor y Christie, *The Film Factory*, p. 56.

123. Véase Christina Lodder, «Promoting Constructivism: Kinó-Fot and Rodchenko's Move into Photography», *History of Photography* (Londres), vol. 24, n.° 4 (Invierno de 2000), pp. 292-299; reimpreso en Lodder, *Constructive Strands in Russian Art*, pp. 368-391.

124. Los fotomontajes de Ródchenko *Psijologuiya y Detektiv* (Psicología y El detective, ambos de 1922) se reprodujeron en *Kinó-Fot*, n.° 3 (19-25 de septiembre 1922), pp. 11-12.

125. Véase E. Shub, *Krupnym planom* (Moscú, 1959).

126. N. Kalinina, ed., «Ol'-Galina iz Chichago», Da, n.° 2-3 (1995), p. 47; citada en Lavréntiev, *Alekséi Gan*.

127. Véase Esfir Shub, «O sebé», en *Zhizn moyá – kinematograf* (Moscú: Iskusstvo, 1972), p. 244.

128. Dziga Vértov, «My. Variant manifesta», *Kinó-Fot*, n.° 1 (25-31 agosto de 1922), pp. 11-12; y L. B. Kuleshov, «Iskusstvo, sovreménnaya zhizn i KINEMATOGRAFIYA», *Kinó-Fot*, n° 1 (25-31 de Agosto de 1922), p. 2.

129. Véase Gan «Kinematograf i kinematografiya», p. 1; Taylor and Christie, *The Film Factory*, pp., 67-68.

130. A. G. [Alekséi Gan], «Kinó-Pravda. Trinadtsatyi opyt», *Kinó-Fot*, n.° 5 (10 de diciembre de 1922), pp. 6-7; Traducción inglesa en Taylor and Chrisitie, *The Film Factory*, p. 78.

131. Los intertítulos de Ródchenko ilustran «Kinó-Pravda. Trinadtsatyi opyt», pp. 6-7.

132. Lyudvig Gilberseimer [Ludwig Hilberseimer], «Dinamicheskaya zhivopis'», *Kinó-Fot*, n.° 1 (25-31 de agosto de 1922), p. 7.

133. Lyudvig Gilberseimer [Ludwig Hilberseimer], «Dinamicheskaya zhivopis'». (Bespredmetnyi kinematograf.), *Vesch/Gegenstand/Objet* (Berlín), n.° 3 (mayo de 1922), pp. 17-19.

134. Véase *Vesch/Gegenstand/Objet*), n.° 1-2 (Marzo-Abril de 1922), p. 28. El nombre de Eggeling ya se había corregido de Richard a Viking cuando se publicó el n.°3.

135. Gan, *Konstruktivizm*, p. 69.

Constructivismo y arquitectura: *Sovreménnaia arjitektura* – *SA*

136. Cooke, «Sources of a radical mission», p. 13. Cooke brinda un examen detallado de las ideas de Gan sobre arquitectura dentro del contexto de los actuales discursos y prácticas arquitectónicas.

137. Gan, *Konstruktivizm*, p. 63.

138. Gan, *Konstruktivizm*, p. 64.

139. Gan, *Konstruktivizm*, p. 60.

140. Alekséi Gan. «Kommunisticheski gorod. (V planovij razrobotkaj konstruktivistov)», *Teatralnaya Moskvá* (Moscú), n.° 40 (1922), pp. 5-6.

141. Véase M. Ya. Guinzburg, *Stil i epoja. Problemy sovreménnoi arjitektury* (Moscú: Gosudárstvennoe izdatelstvo, 1924), figs. XLI y XLII.

142. La junta editorial era bastante numerosa e incluía, entre otros, a Andréi Burov, Aleksandr Vesnín, Víktor Vesnín, Guinzburg e Ilyá Golosov.

143. Véase por ejemplo, Alekséi Gan, «Chto takoe konstruktivizm?», *SA*, n.° 3 (1928), pp. 79-81, que abordaba el diseño gráfico y el cine constructivistas.

144. Alekséi Gan, «Novomu teatru – novoe zdanie», *SA*, n.° 3 (1927), p. 81.

145. Véase, por ejemplo, Varst, «Rabochi klub. Konstruktivist A. M. Ródchenko», *SA*, n.° 1 (1926), p. 36; «Konstruktivizm v reklame», *SA*, n.° 2 (1926), en de la contraportada; «Konstruktivizm v armature dnevnogo byta», *SA*, n.° 2 en la portada; Alekséi Gan, «Fakty za nas», *SA*, n.° 2, (1926), p. 39; Gan, «Spravka o Maléviche»; y Andréi Novikov, «Derevenski kiosk. Proekt – maket. Konstruktivist A. M. Gan», *SA*, n.° 1 (1926), p. 35. K. Malevich, «Forma, tsvet i oshchushchenie», *SA*, no. 5 (1928), pp. 157-159; English translation in *Architectural Design*, vol. 5, no. 5/6 (1989), pp. 45-47; and I. Klyun, «Kubizm kak zhivipisnyi method», *SA*, no. 6 (1928), pp. 194-199.

146. K. Malévich, «Forma, tsvet i oschuschenie», *SA*, n.° 5 (1928), pp. 157-159; Traducción inglesa en *Architectural Design*, vol. 5, n.° 5/6 (1989), pp. 45-47; e I. Klyun, «Kubizm kak zhivipisnyi method», *SA*, n.° 6 (1928), pp. 194-199.

147. Editorial, *SA*, n.° 5 (1928), p. 156; Traducción inglesa en *Architectural Design, vol. 5,* n.° 5/6 (1989), p. 33.

148. Editorial, *SA*, n.° 5 (1928).

149. Editorial, *SA*, n.° 5 (1928).

150. Gan, «Spravka o Kazimire Maléviche», p. 106.

Teoría y práctica de la tipografía constructivista

151. Alekséi Gan, descripción de su obra en *Anarquía* en 1918 en la cartela de la pieza 157 expuesta en la Primera Exposición de Debate de Asociaciones de Arte Revolucionario Activo. Véase *1-aya diskussionnaya vystavka obedineni aktívnogo revolyutsiónnogo iskusstva* (Moscú, 1924).

152. Alekséi Gan, descripción de su libro *El constructivismo* en la cartela de la pieza 158 expuesta en la *Primera Exposición de Debate de Asociaciones de Arte Revolucionario Activo.*

153. Alekséi Gan, descripción de *Kinó-Fot* en la cartela de la pieza 159 expuesta en la Primera Exposición de Debate de Asociaciones de Arte Revolucionario Activo. Véase *1-aya diskussionnaya vystavka.*

154. Alekséi Gan, «Konstruktivizm v nabore i verstke», *SA*, n.° 2 (1926), en el interior de la contraportada.

155. Lavréntiev, *Alekséi Gan*, p. 90.

156. Alekséi Gan, «Stennaya gazeta», ms, sin fecha [década de 1920], archivo de Ródchenko-Stepánova, Moscú, citado en Lavréntiev, *Alekséi Gan*, p. 90.

157. Alekséi Gan, «Zadacha stengaza», 1921, manuscrito, Archivo de Ródchenko-Stepánova, Moscú, citado en Lavréntiev, *Alekséi Gan*, pp. 135-136.

158. Escribió «la primera movilización del material tipográfico en el periódico de 1918». Véase *1-aya diskussionaya vystavka.*

159. Véase, por ejemplo, Lodder, *Russian Constructivism*, lámina VII; y figs. 5.30, 5.31, 5.33, pp. 170-173.

160. *Kinó-Fot,* n.° 1 (25-31 de agosto de 1920), p. 1.

161. Charlie Chaplin no sólo fue popular porque representaba a una persona corriente contra el mundo, sino también por lo innovadores que resultaban sus movimientos en el cine, eran como los gestos taylorizados que apoyaban los innovadores rusos como Meyerhold. Véase Yu. Tsivyan, «O Chapline v russkom avangarde i o zakonakh sluchainogo v iskusstve», *NLO* [*Nóvoe Literatúrnoe Obozrenie*] (Moscú) n.° 81 (2006), pp. 99-129.

162. Lavréntiev, *Alekséi Gan*, p. 115.

163. Véase Christina Lodder, «Aleksandr Rodchenko, Alekséi Gan and the Emergence of Constructivist Typography», en Lodder, *Constructive Strands in Russian Art* (Londres: Pindar Press, 2005), pp. 392-425.

164. Gan, *Konstruktivizm*, p. 18.

165. Alekséi Gan, «Konstruktivizm v tipografskom proizvodstve», *Almanaj proletkulta* (Moscú, 1925), p. 119.

166. Estoy en deuda con Ellen Lupton por esta información.

167. El Lissitzky, «Kniga s tochke zreniya zretielnogo vospriyatiya – visualnaya kniga», *Iskusstvo knigui* (Moscú) n.° 3 (1962), p. 167.
La autoría de Gan en el diseño de *El constructivismo* ha sido cuestionada. Khan-Magomedov afirma que fue Ródchenko quién diseñó la portada, a partir de un dibujo que se conserva en la colección de la familia. Véase Khan-Magomedov, *Rodchenko*, p. 131. En este dibujo, el grupo de letras que forman el título se superpone al del nombre del autor, impreso en otro color y con otro tipo de letra. Por lo que a esto respeta, el diseño es muy diferente del que se utilizó realmente, tanto por los tipos de letras empleados como por la organización. Además, el estilo de la portada es muy distinto al de las que realizaba Ródchenko en esa época. Este tendía a utilizar la totalidad de la superficie de la cubierta. Esto no sucede en *El constructivismo* de Gan, lo que sugiere que sólo Gan fue el responsable del diseño de la cubierta y de la maqueta de este texto constructivista pionero. En cuanto a esto, vale la pena apuntar que Khan-Magomedov no menciona la maqueta interior del libro.

168. Lavréntiev, *Alekséi Gan*, p. 110.

169. Lavréntiev, *Alekséi Gan*, p. 119.

170. Alekséi Gan, «Konstruktivizm v tipografskom proizvodstve», en *Almanaj proletkulta* (Moscú, 1925), p. 117.

171. Gan, «Konstruktivizm v tipografskom proizvodstve», p. 119.

Gan, diseñador industrial

172. Gan, *Konstruktivizm*, p. 64. La declaración está en negrita en el original.

173. Alekséi Gan, «Fakty za nas», *SA*, n.° 2 (1926), p. 39.

174. Gan, «Fakty za nas», p. 39.

175. Éste es el título que Moiséi Guinzburg dio al quiosco y también se detalla claramente en el gran rótulo en lo alto. Véase Guinzburg, *Stil i epoja*, lámina XVI y XVII. XVI y XVII.

176. Lavréntiev, *Alekséi Gan*, p. 153.

177. Lavréntiev, *Alekséi Gan*, p. 155.

178. Véase Gan, Konstruktivizm, p. 69. *L'Esprit Nouveau* estaba editado por Le Corbusier, mientras que *Vesch* también contenía artículos de arquitectura, véase, por ejemplo, Korbyuse-Sone, «Sovreménnaya arjitektura», *Vesch/Gegendstand/Objet* (Berlín),

n.º 1-2 (marzo-abril 1922), pp. 20-22. Gan reimprimió Lyudvig Gilberseimer, «Dinamichéskaya zhivopis». (Bespredmetni kinematograf.)», *Vesch/Gegenstand/Objet*, n.º 3 (mayo de 1922), pp. 17-19 en *Kinó-Fot*, n.º 1 (25-31 agosto de 1922), p. 7.

179. Andréi Novikov, «Derevenskii kiosk. Proekt-maket. Konstruktivist Alekséi Gan», *SA*, n.º 1 (1926), p. 35.

180. Novikov, «Derevenskii kiosk», p. 35.

181. Gan, «Fakty za nas», p. 39.

Gan y el cine constructivista

182. Véase Romberg, «Labor Demonstrations» para un interesante examen detallado de *La isla de los jóvenes pioneros*.

183. Alekséi Gan, «Kinó ne teatr», *Teatrálnaya Moskvá*, n.º 45 (1922), p. 12.

184. Gan, *Da zdravstvuet demonstratsiya byta!*, p. 10.

185. Gan, *Da zdravstvuet demonstratsiya byta!*, p. 4.

186. Gan, *Da zdravstvuet demonstratsiya byta!*, p. 11.

187. Véase Romberg, «Labor Demonstrations». Vértov, al parecer, dio a Gan dinero de sus propios fondos para hacer su película.

188. Lavréntiev, *Alekséi Gan*, p. 117; y Romberg, «Labor Demonstrations».

189. Lavréntiev, *Alekséi Gan*, p. 117.

190. Alekséi Gan, «Da zdravstvuet demonstratsiya byta!», *Proletkinó*, n.º 4-5 (agosto de 1924), p. 18; citado en Romberg, «Labor Demonstrations».

191. Véase Romberg, «Labor Demonstrations».

192. Romberg, «Labor Demonstrations»; y Lavréntiev, *Alekséi Gan*, p. 126.

193. Alekséi Gan, «Za organizatsiyu faktov zhizni», *Sovétski ekran*, n.º 15 (13 de abril de 1926), p. 5

Manteniendo viva la llama constructivista

194. Gan, *Konstruktivizm*, p. 69.

195. Gan, *Konstruktivizm*, pp. 69-70.

196. Borís Arvatov, «Vesch», Pechat i revolyutsiya (Moscú), n.° 4 (1922), p. 342.

197. Véase *Katalog vystavki. Konstruktivisty. K. K. Medunetski, V. A. Stenberg, G. A. Stenberg* (Moscú: Kafe Poetov, 1922).

198. En *El constructivismo* Gan presenta el grupo como El Primer Grupo de Constructivistas en Acción.

199. Nikolái Kupreyánov, carta a Nikolái Punin, 5 de febrero de 1923, reimpreso en N. Punin, *Mir svetel lubovyu. Dnévniki. Pisma*, ed. L. A. Zykova (Moscú: Artist. Rezhisser. Teatr, 2000), p. 171.

200. Lavréntiev, *Alekséi Gan*, p. 128.

201. *1-ya diskussionnaya vystavka.*

202. Aleksandr Ródchenko, carta a Várvara Stepánova, 21 de mayo de 1925; Traducción inglesa en *Aleksandr Rodchenko: Experiments for the Future*, p. 177.

203. Aleksandr Ródchenko, carta a Várvara Stepánova, 6 de junio de 1925; Traducción inglesa en *Aleksandr Rodchenko: Experiments for the Future*, p. 183.

204. Lavréntiev, *Alekséi Gan*, p. 118.

205. Várvara Stepánova, carta a Aleksandr Ródchenko, 16 de mayo de 1925; Traducción inglesa en *Aleksandr Rodchenko: Experiments for the Future*, p. 176.

206. Alekséi Gan, carta a Esfir Shub, 16 de agosto de 1925; reimpresa en Zabrodina, «'... Bolezn' moya innogo poryadka'», p. 223.

207. Véase «Deklaratsiya», en *SA*. n.° 3 (marzo de 1928), pp. 73-74; y «Dekaratsiya obedineniya 'Oktyabr'», en P. I. Novitskii ed., Izofront. *Klasssovaya bor'ba na fronte prostranstvennykh iskusstv* (Moscú y Leningrado, 1931), pp. 135-142; Traducción inglesa en Bowlt, *Russian Art of the Avant-Garde*, pp. 274-279.

208. Aleksandr Lavréntiev, «V. F. Stepánova o rannem konstruktivizme», *Teknichéskaya estetika* (*Trudy VNIITE*), n.° 21 (1979), pp. 116-117.

LISTA DE ILUSTRACIONES

p. XXXVI Alekséi Gan, *¡Viva la demostración de la vida!*, (Moscú, 1923). Cubierta diseñada por Alekséi Gan.

pp. XXXVIII-XXXIX Artículo aparecido en *Kinó-fot*, n.° 3 (19-25 de septiembre de 1922), diseñado por Alekséi Gan, con ilustraciones de Várvara Stepánova representando a Charlot.

pp. XLII-XLIII Diseño interior de *Kinó-fot* n.° 5 (10 de diciembre de 1922), ilustraciones de Aleksandr Ródchenko para los intertítulos del boletín de noticias de Dziga Vértov, *Kinó-Pravda*.

p. XLIV *SA: Sovreménnaya arjitektura*, n.° 3 (1928), portada diseñada por Alekséi Gan.

pp. XLVIII-XLIX *SA: Sovreménnaya arjitektura*, no. 1 (1928), portada y contraportada diseñadas por Alekséi Gan.

p. L Gan trabajando en la portada de la revista *Tecnología y vida* (*Tejnika i zhizn*) en el estudio de Aleksandr Ródchenko y Várvara Stepánova, 1924. Fotografía de Aleksandr Ródchenko. Archivo de A. Ródchenko y V. Stepánova, Moscú.

pp. LIV-LV *SA: Sovreménnaya arjitektura*, n.°3 (1927), pp. 96-97, diseñada por Alekséi Gan, relacionada con *La Primera Exposición de Arquitectura Contemporánea*.

p. LVIII-LIX *SA: Sovreménnaya arjitektura*, no. 1 (1928), pp. 4-5, artículo interior diseñado por Alekséi Gan, ilustrado con el proyecto de Víktor y Aleksandr Vesnín para la Casa de Producción y Comercio en Sverdlovsk (1927) y el proyecto de Iván Leonidov para un estudio de cine, 1927.

p. LX ARRIBA: Alekséi Gan, Diseño para un puesto de ventas producido por la Asociación de Empresas para el Procesamiento de Productos de la Industria agrícola de Moscú (Mosselprom), 1922. Reproducido en Alekséi Gan, «Fakty za nas», *SA: Sovreménnaya arjitektura*, n.° 2 (1926), p. 39.
ABAJO: Puesto de ventas en una calle de Moscú, 1928, con rasgos en común con el diseño de Gan. Fotografía de Aleksandr Ródchenko. Archivo de A. Ródchenko y V. Stepánova, Moscú..

p. LXII ARRIBA: Alekséi Gan, Quiosco (cerrado) para la venta de libros, revistas y artículos de papelería, c. 1922-1923, diseñado por el Comité Ejecutivo Central de Todas las Rusias para la Ayuda a los Inválidos de Guerra (Vserokompom). Reproducido en M. Ya. Guinzburg, *Estilo y época: Problemas de Arquitectura Contemporánea* (*Stil i epoja. Problemy sovreménnoi arjitektury*; Moscú, 1924). Fig. LVI.

ABAJO: Alekséi Gan, Quiosco (abierto) para la venta de libros, revistas y artículos de papelería, c. 1922-1923, diseñado por Comité Ejecutivo Central de Todas las Rusias para la Ayuda a los Inválidos de Guerra (Vserokompom). Reproducido en M. Ya. Guinzburg, *Estilo y época* (*Stil i epoja*, Moscú, 1924). Fig. LVII.

p. LXIV — Alekséi Gan, Diseño para un Quiosco Rural, 1925, encargado por *El periódico de los campesinos* (*Krestianskaya gazeta*). Reproducido en Andréi Novikov, «Derevenski kiosk. Proekt-maket. Konstruktivist Alekséi Gan», *SA: Sovreménnnaya arjitektura*, n.° 1, p.35.

p. LXVI — Alekséi Gan observando material fotográfico, 1924. Fotografía de Aleksandr Ródchenko. Archivo de A. Ródchenko y V. Stepánova, Moscú.

p. LXVIII — Alekséi Gan sosteniendo un espejo en el que se refleja su mujer Esfir Shub. Fotografía de Aleksandr Ródchenko. Archivo de A. Ródchenko y V. Stepánova, Moscú.

Solapa posterior — *SA: Sovreménnaya arjitektura*, n.° 2 (1927), portada y contraportada diseñada por Alekséi Gan.

SA: Sovreménnaya arjitektura, n.° 3 (1927), portada y contraportada diseñada por Alekséi Gan. .

SA: Sovreménnaya arjitektura, n.° 4-5 (1927). Portada de Alekséi Gan, en conmemoración del décimo aniversario de la Revolución de Octubre de 1917, indica la naturaleza excepcional del número incluyendo una imagen parcial del proyecto de Iván Leonidov para el Instituto y Biblioteca Lenin (1927). Contraportada diseñada por Alekséi Gan, publicitando la Primera Exposición de Arquitectura Contemporánea, que se inauguró el 18 de junio de 1927.

АЛЕКСЕЙ ГАН

КОНСТРУКТИВИЗМ

ALEKSÉI GAN.

EL CONSTRUCTIVISMO.

Impreso en la 2ª Tipografía del Estado
R. Ts. 357. Tiz. N.º 249.
Edición 2000, Tver 1922

El constructivismo es un fenómeno de nuestra época. Surgió en 1920 entre pintores de izquierdas y teóricos de la «acción de masas».

Esta edición es un libro de propaganda con el que los constructivistas inauguran el combate contra los partidarios del arte tradicional.

Moscú 1922

¡Declaramos una implacable guerra al arte!

Primer Grupo de Constructivistas en Acción
1920
Moscú.

¡Viva

la expresión comunista

de las construcciones

materiales!

Primer Grupo de Constructivistas en Acción
1921
Moscú.

«Se nos dirá que las ideas religiosas, morales, filosóficas, políticas, jurídicas, etc., aunque sufran alteraciones a lo largo de la historia, llevan siempre un fondo de perennidad, y que por debajo de esos cambios siempre ha habido una religión, una moral, una filosofía, una política, un derecho.

«Además, se seguirá arguyendo, existen verdades eternas, como la libertad, la justicia, etc., comunes a todas las sociedades y a todas las etapas de progreso de la sociedad. Pues bien, el comunismo -continúa el argumento- viene a destruir estas verdades eternas, la moral, la religión, y no a sustituirlas por otras nuevas; viene a interrumpir violentamente todo el desarrollo histórico anterior».

¿A qué se reduce esta acusación?

Hasta hoy, toda la historia de la sociedad ha sido una constante sucesión de antagonismos de clases, que revisten diversas modalidades, según las épocas.

Mas, cualquiera que sea la forma que en cada caso adopte, la explotación de una parte de la sociedad por la otra es un hecho común a todas las épocas del pasado. Nada tiene, pues, de extraño que la conciencia social de todas las épocas se atenga, a despecho de toda la variedad y de todas las divergencias, a ciertas formas comunes, formas de conciencia hasta que el antagonismo de clases que las informa no desaparezca radicalmente.

(El manifiesto comunista).

Pensamiento marxista revolucionario
de palabra y artritis crónica en la acción.

El pensamiento marxista revolucionario, que descubrió la fuerza motriz de la historia, que elaboró la teoría del materialismo histórico y que estableció que «cada estadio de desarrollo social debe entenderse teniendo en cuenta sus características particulares y sólo ellas», se yergue silencioso junto al pantano del estetismo dogmático.

Las relaciones recíprocas entre la base y la superestructura, es decir, el cambio en las superestructuras como resultado del cambio de estado de las fuerzas productivas, todo esto se olvida de repente en cuanto el comunista aborda la belleza. **Se convierte en extranjero y sumiso.**

Los sagrados e imperecederos dones de la estética lo debilitan.

Se convierte en el típico intelectual y la «idea del dinamismo» y la «filosofía de la acción» dejan de ser sus ideas o su filosofía.

¿De qué se trata?

De esto: mientras atacamos con fuerza y brutalidad las fortalezas del capitalismo y de su forma de vida y nos afanamos en reestructurar todo el régimen social en dirección al comunismo, en el dominio del denominado arte, volvemos a épocas menos perfectas, más toscas y en esencia extremadamente anticomunistas.

Es cierto que, cuanto más severo es el proceso de la lucha, más pura se vuelve la atmósfera en las salas de nuestros ministerios que dirigen los asuntos del arte.

Los reyes y los magos de lo bello callan y con ellos también sus protectores.

Pero, apenas liquidamos el frente militar de la guerra civil y avanzamos hacia la construcción pacífica, los productores del arte levantaron de nuevo la cabeza y nuestros trabajadores del arte abrieron su boca de agitadores para prodigar discursos ardientes sobre los valores eternos de lo bello.

Así pues, cada nueva victoria en los frentes de nuestra revolución acarrea nuevas derrotas en el frente de los esfuerzos intelectuales.

Con la consolidación de nuestras conquistas en el campo de la política y el acercamiento a la tarea revolucionaria de la organización de la economía nacional, nuestra revolución da un brusco viraje y bajo la bandera del academicismo trata de esclavizar la producción intelectual y a sus productores.

Desde fuera esto pasa casi inadvertido.

Nos falta una alfabetización marxista.

Esa falta de una mínima educación marxista es evidente incluso entre los camaradas políticamente más fiables del partido.

Además, nuestros comunistas, por así decirlo, cualificados, a veces tienen una actitud particularmente ligera y desdeñosa hacia cuestiones de las que saben poco.

Todo esto tiene un efecto letal en nuestra actividad, nuestra mentalidad, y nos impide abordar los fenómenos diversos y multiformes de la vida y resolver toda una serie de cuestiones que surgen en relación con la construcción del comunismo y con la forma de vida comunista.

En cuanto abordamos el dominio del arte dejamos de ser marxistas.

En *Miseria de la filosofía*, Marx afirma que «los teóricos del proletariado deben emprender la tarea cognitiva de comprender qué pasa ante sus ojos y de ser intérpretes de la realidad».

¿Somos así cuando nos acercamos al arte?

Aceptamos el arte sin análisis, sin crítica, sin ningún matiz, indiscriminadamente, como algo desconocido, algo bueno, útil e indispensable para el proletariado.

Es cierto que al principio lo criticamos un poco, calificamos algo suyo de burgués o de mezquino. Enseguida parece que carecemos de los conocimientos más elementales y no nos calmamos hasta que un teatro, una escuela o un taller de arte caen en manos comunistas.

Como si sólo se tratara de eso.

¿Acaso nuestra práctica no ha demostrado que esta solución al problema no es la buena?

¿Qué podemos exigir de nuestros camaradas que dirigen algún departamento de arte o algún teatro, **cuando nuestros ideólogos oficiales, por así decirlo, insisten en los valores humanos universales** y se olvidan de que «la conciencia social de todos los siglos, a pesar de todas las diferencias y peculiaridades, ha girado hasta hoy en un círculo de formas generales determinadas, que desaparecerán por completo sólo con la abolición del antagonismo de clases?»

También se olvidan de que «la revolución comunista es la ruptura más radical con las relaciones de propiedad existentes; no es de extrañar que también implique la ruptura más radical con las ideas tradicionales».

Y no quieren aceptar que:

La revolución proletaria es el primer paso real de la revolución comunista.

Al destruir el régimen capitalista-burgués, es decir, resolviendo la cuestión del poder y creando un cambio en las relaciones de producción, [La revolución] no puede no desbaratar el conjunto de la cultura de su enemigo.

Cada día, la revolución proletaria lo grita a voz en cuello, pero nadie lo acata.

Cada año el Narkompros [Comisariado del Pueblo para la Instrucción Pública] se hincha como una pompa de jabón y estalla por el efecto de la condensación que se produce en su núcleo saturado de espíritus de todas las épocas y todos los pueblos, de todos los sistemas, y de todos los valores «culpables» e «inocentes» (¡!), de lo vivo y lo muerto.

Y bajo la protección de los pseudomarxistas trabajan miles de negros «sacerdotes del arte» y, en nuestros tiempos revolucionarios, la cultura «espiritual» del pasado todavía se yergue firmemente sobre las muletas del idealismo reaccionario.

La cultura artística, como una de las expresiones formales de lo «espiritual», no se separa de los valores de las visiones utópicas y fantásticas, y sus creadores no renuncian **a las funciones sacerdotales de la histeria formalizada.**

Los comunistas del Narkompros, que dirigen los asuntos artísticos, se diferencian poco de los no comunistas que no forman parte del Narkompros. Son también prisioneros de lo bello, como ellos están atrapados por la fascinación de lo divino.

Los comunicadores y los divulgadores, seducidos por el sacerdocio, sirven genuflexos al pasado, al tiempo que **prometen el futuro en sus discursos.** Esto les empuja hacia los artistas maníacos más reaccionarios y desclasados de la pintura, la escultura y la arquitectura. Por un lado, son comunistas, dispuestos a librar una lucha abierta contra el capitalismo ante el más mínimo intento de restaurarlo; por otro, son como los conservadores que capitulan voluntariamente sin dar pelea, venerando con devoción el arte de aquellas mismas culturas **que juzgan con severidad cuando recuerdan la teoría del materialismo histórico.**

Nuestros máximos dirigentes administran por desgracia de una manera confusa y sin principios no sólo el arte de ayer sino también el de hoy, y crean unas condiciones en las que resulta imposible encauzar de una manera colectiva y organizada, los problemas de producción material e intelectual en los raíles de la actividad práctica.

No es sorprendente, pues poseen la misma carne que esa estética pestilente contra la que se revelan los innovadores materialistas del arte de izquierdas.

Por eso, se despliega una campaña abierta y clandestina contra los «sin ideas» y los «no figurativos». Cuanto más rico es su contenido, más habla a su favor la realidad y menos escrupulosa es la lucha que libran contra ellos los sacerdotes del viejo arte.

Oficialmente, ahora, ellos son todopoderosos, dan el tono y, como hábiles actores, se disfrazan de Marx.

El proletariado, con su saludable materialismo marxista, no les sigue, pero si millones de personas de entre las masas: intelectuales, agnósticos, espiritualistas, místicos, empirocríticos, empiristas, eclécticos y otros artríticos y paralíticos.

Son éstos ahora los defensores

de los valores artísticos

en nombre del comunismo.

Los sacerdotes productores de estos «valores artísticos» comprenden la situación y la toman en consideración. Tejen hilos de mentira y de engaño. Como herederos podridos del pasado, siguen en su papel **de ventrílocuos y de parásitos,** utilizando los medios del mismo proletariado que, en medio de convulsiones de dolor, pone en práctica heroicamente en su vida eslóganes **que prometen liberar a la humanidad de todo tipo de fuerzas sobrenaturales que atentan contra su libertad.**

Es el sacerdote mercenario

quien puede convertirse en representante de la estética y aportar una serie de formas paliativas

de la cultura intelectual y material del comunismo.

El proletariado y el campesinado proletarizado no participan de ningún modo en el arte.

El carácter y las formas en las que el arte se ha expresado y el significado «social» que tenía no les afectan en ningún sentido.

El proletariado se ha desarrollado y educado independientemente, como clase, en unas condiciones concretas de lucha. Su ideología está formulada de un modo claro y preciso. Levantó a las capas inferiores de su clase no por un juego, ni por los medios artificiales de la abstracción o por un fetichismo etéreo, sino por los medios reales de acción revolucionaria, por una propaganda concreta, una propaganda basada en hechos concretos.

El arte no fortalecía las capacidades combativas de la clase revolucionaria del proletariado sino que más bien descarriaba a algunos de sus miembros de vanguardia. **En conjunto [el arte] era extraño e inútil para una clase que tenía sus propias y singulares perspectivas culturales.**

Cuanto más claramente se manifieste la ola artística-reaccionaria de la restauración, más bruscamente se disociarán los elementos sanos y auténticos del proletariado de este periodo de actividad.

Durante todo el periodo que duró la revolución proletaria, ni los departamentos que dirigían los asuntos artísticos, ni las organizaciones, ni los grupos concretaron sus promesas.

Partiendo de grandilocuentes eslóganes acerca del futuro se refugiaron en el seno de un pasado reaccionario, basando su práctica en la teoría de la herencia «espiritual».

En cuanto a la práctica, ha demostrado que la herencia «espiritual» era hostil a las tareas de la revolución proletaria, que nos conduce al comunismo.

La actividad contrarrevolucionaria de los sacerdotes burgueses del arte, que se pasaron del arte a la revolución sin preparación ni causa racional, ha creado una confusión increíble con sus vanos esfuerzos destinados a «revolucionar» la estética con el débil espíritu del pasado.

La lealtad sentimental a la revolución de los ideólogos con espíritu pequeñoburgués que han intentado decapitar el materialismo revolucionario con el uso de las viejas formas artísticas ha creado una profunda división.

Pero la victoria del materialismo en el campo del trabajo artístico se halla en vísperas de su triunfo.

La revolución proletaria no es sólo una palabra flageladora, sino el auténtico látigo que expulsa de la vida real de la humanidad el parasitismo, sea cual sea el atuendo con el que oculte su repugnante esencia.

El momento presente, desde el punto de vista de las circunstancias objetivas, nos obliga a declarar que el estado actual de desarrollo social evoluciona bajo el signo del rechazo de la cultura artística del pasado.

El hecho de que todo lo que se denomina arte esté impregnado del idealismo más reaccionario, es producto de un individualismo extremo que lo empuja a nuevos e inútiles pasatiempos con experimentos nuevos y superfluos para perfeccionar la belleza subjetiva.

El arte

está indisolublemente relacionado:

con la teología,

con la metafísica

y con la mística.

Surgió en la época de las culturas primitivas cuando la técnica se reducía al «estado embrionario de las herramientas» y las formas económicas se debatían en un primitivismo extremo.

Pasó por las cocinas de los talleres artesanales de la Edad Media.

Se calentó artificialmente con la hipocresía de la cultura burguesa y, finalmente, se estrelló contra el mundo mecánico de nuestra época.

¡Muerte al arte!

El arte naturalmente surgió,

naturalmente se desarrolló y

naturalmente llegó a desaparecer.

Los marxistas tienen que trabajar para aclarar su muerte científicamente y desarrollar nuevos fenómenos de trabajo artístico en el nuevo entorno histórico de la época presente.

En la situación concreta de nuestros días se observa entre los maestros del arte revolucionario una atracción por el desarrollo técnico y por el significado social de su trabajo.

Avanza el constructivismo, hijo armonioso de la cultura industrial.

Durante mucho tiempo, el capitalismo lo dejó pudrir bajo tierra.

La revolución proletaria lo liberó.

Empieza una nueva cronología

a partir del 25 de octubre de 1917.

Al otro lado de Octubre están,

las épocas de las culturas primitivas,

autoritarias e

individualistas,

épocas de poder

y de espiritualidad.

¡En nuestro lado,

está, por primera vez, la cultura

del trabajo organizado y del intelecto!

Las antiguas culturas, es decir, las del poder y la espiritualidad, estaban reflejadas en el arte.

El arte «Bello» e «imperecedero» servía con sus medios de representación a la religión, la filosofía y a toda la cultura por así decirlo «espiritual» del pasado.

El arte ha materializado de una manera especulativa «la espiritualidad», ilustrando la historia sagrada, los misterios divinos, los enigmas del mundo, las alegrías y las penas abstractas, las verdades especulativas de la filosofía y otras puerilidades de adultos cuyas normas de comportamiento estaban determinadas por las condiciones económicas de la sociedad de un periodo histórico u otro.

El régimen social y político determinado por una nueva estructura económica suscita nuevos medios y formas de expresión.

La cultura emergente

██████████ del trabajo y del intelecto

será expresada por ██████████

la producción intelectual y material.

¡El primer eslogan del constructivismo es: abajo la actividad especulativa en el trabajo artístico!

Nosotros —proclamaron los constructivistas en su programa—

Declaramos una guerra sin cuartel al arte.

El arte es producto de la vida social
de las generaciones «idólatras».

El arte es el producto de la vida social.

Hasta ahora, su papel social consistía principalmente en tratar de sistematizar los sentimientos en imágenes artísticas.

Esto ha hecho del arte una necesidad social y, dado que servía a los atributos más complejos del hombre -**los sentimientos**-, fue automáticamente elevado a la categoría suprema de los valores culturales.

El **«misterio»** de la inspiración y la magia de la **«providencia»** divinizaron esta actividad ingenua del hombre.

En todas las épocas, en todos los niveles del desarrollo cultural y social, ha habido personas que han producido y venerado el arte.

El arte creció y se desarrolló en dos direcciones.

Por un lado, asimilaba (y perpetuaba) estéticamente la psicología y la ideología imperantes, y las conservaba en las imágenes estáticas de la expresión artística; por otro, estudiaba la sustancia formal, los medios materiales de representación.

Las funciones de organización del arte y las emociones estéticas tenían una existencia legítima.

La ignorancia y la tendencia al parasitismo abonaron el terreno para que la estética, de todas las clases y cualidades, fuera uno de los medios que permitiera cimentar la sociedad humana.

A eso contribuía también la circunstancia de que un hombre que vivía entre «las leyes del movimiento del mundo exterior» pensaba que esas leyes forjaban ciegamente un camino con la «forma de la necesidad exterior a través de una serie infinita de aparentes casualidades» (Engels).

Por otra parte, una actitud contemplativa ante la vida también saturaba la psique, inclinándola hacia la abstracción, la ilusión o el autoengaño.

Consolidando de este modo los humores y los sentimientos sociales, el arte también fijaba el modo de vida de la sociedad en un lugar, frenando el desarrollo histórico del entorno social y creando barreras significativas en periodos de revolución.

Una vez que triunfaron el materialismo y una actitud consciente de las masas trabajadoras ante la vida, las capacidades de organización de la estética se revelaron insuficientes.

Las verdades «eternas» e «imperecederas» empiezan a descomponerse, pudrirse y contaminar.

El aspecto formal, la experiencia acumulada, las habilidades y los medios de la misma producción del arte constituyen un valioso patrimonio, utilizado por el entorno sano de los que revolucionan la producción intelectual y material.

Llegamos a estas conclusiones basándonos en la experiencia de la República Soviética, cuando trataba de poner el arte al servicio de la revolución proletaria.

Para convencer a los amantes de «las digresiones históricas y científicas», citamos algunos pasajes del libro del profesor Bogdánov.

«Por el momento, los datos científicos nos llevan a pensar que las formas más antiguas del arte fueron la danza y la música.

Se puede suponer que la danza y la música existían incluso en el periodo denominado «zoológico» de la vida humana.

Durante el desarrollo de las ideologías «en la época prehistórica» el arte no constituía el principio de la expresión formal de esas mismas ideologías.

[El arte] contribuía a las tareas puramente prácticas del hombre prehistórico y sólo tenía un significado utilitario: era un elemento de organización en el trabajo, dado que establecía una «comunidad de estado de ánimo» entre los miembros del grupo y la conformidad entre ese estado de ánimo y el trabajo.

Se dice que la danza y la música mantienen todavía ese papel en la vida de las tribus que aún se encuentran en un grado inferior de desarrollo social.

Basándose en la técnica de producción existente, cuando se proponía comunicar a alguien la noción de un objeto, el hombre primitivo reproducía a menudo espontáneamente con gestos las formas de este objeto.

Este acto se considera el origen del dibujo y la pintura.

Estos gestos estimularon el interés y el deseo de reforzar la similitud observada.

De esta manera, el hombre avanzó paso a paso en esta vía hacia la representación metódica de la apariencia de los diferentes objetos.

Era para él, un medio de conocer las importantes realidades de la vida práctica.

Las tribus de cazadores dedicaron sus temas y tramas principales a la representación de animales y escenas de caza.

La realidad técnica y económica de esta época se limitaba a unas herramientas de producción en estado embrionario y a una cooperación homogénea y no organizada en el seno del clan.

La visión del mundo de los primitivos no era un conjunto bien organizado de ideas sistematizadas. Carecía de una unidad ideológica.

Los procesos de trabajo y de vida relacionaban las ideas hasta cierto grado, pero aun así permanecían aisladas entre sí.

Según la ciencia de la conciencia social, el dinamismo y el colectivismo eran los rasgos básicos del funcionamiento de la sociedad prehistórica, unos rasgos que se generaban de forma natural, puesto que «los hombres de aquella época eran incapaces de desarrollar una conciencia social».

La vida en aquella época era conservadora y la visión del mundo no era progresista.

Además, «los procesos de trabajo cambiaban, se perfeccionaban técnicamente, pero la designación de los actos de trabajo seguía siendo la misma».

Cambiaban despacio y gradualmente.

Las fuerzas motrices del cambio residían en el área de la tecnología mientras que la ideología se limitaba a adaptarse a las transformaciones que tenían lugar en la vida laboral.

En conclusión, el profesor considera que «a pesar de su carácter conservador, la ideología era una condición favorable y necesaria para el progreso».

Durante este periodo de vida patriarcal, la agricultura primitiva y la ganadería nómada, como ramas de la producción, garantizaban la existencia de una importante economía social. El colectivismo autoritario apareció con la expansión de los límites de la cooperación, la emergencia de la especialización y la división entre la organización del trabajo y su ejecución.

La técnica y la economía del trabajo conllevaron el aumento del número de palabras y la vida misma rompió la relación directa entre la idea y la acción: la idea de un organizador era realizada ahora mediante la acción de un ejecutor.

El esfuerzo intelectual del organizador, que se mantenía alejado de los procesos de ejecución física, se hizo autónomo y empezaron a sistematizarse las ideas.

Por primera vez surgió lo que llamamos «cosmovisión».

La idea de un orden del mundo procedía de la única estructura familiar a la vida de la gente, esto es, la propia comunidad patriarcal. La religión surgió del culto a los antepasados, es decir, de la veneración de los ancestros a los que el pensamiento popular convirtió poco a poco en divinidades, pero de una manera muy simple, sin el carácter enigmático y místico que adquirió después, cuando la religión, al convertirse en un ámbito particular, se escindió del resto de la vida para abrazar toda la concepción del mundo de los hombres impregnando todo su pensamiento.

En aquella época, el arte era profundamente religioso: la danza y la música representaban las imágenes sagradas, los mitos y la poesía inconsciente, la historia de los dioses y sus relaciones con los hombres; las obras pictóricas y escultóricas, incluso cuando no representaban a los dioses, estaban «dedicadas» a ellos y se consideraban logradas, de acuerdo a los cánones de la época en la medida en que estaban inspiradas por los dioses, así como cualquier acción común.

La transición de la organización patriarcal de la sociedad al feudalismo resultó del aumento de la productividad del trabajo, gracias al cual los excedentes aumentaron hasta tal punto que posibilitaron la aparición de una auténtica explotación.

Cambiaron las formas de la vida económica del patriarcado. De la ganadería nómada y la agricultura primitiva y seminómada se pasó a la agricultura sedentaria combinada con la ganadería.

El desarrollo de la producción de herramientas condujo al avance de los oficios.

La comunidad de clanes se transformó en comunidad vecinal. Los organizadores se diferenciaron: los organizadores pacíficos se convirtieron en sacerdotes y los organizadores militares, al principio jefes del clan, pasaron a ser los «señores feudales».

Ya inmersos en la época de la economía natural, el intercambio se convirtió en un fenómeno constante y adquirió una influencia significativa, estable y siempre creciente en la vida económica.

Poco a poco, se formaron las instituciones feudales laicas y las instituciones feudales religiosas, que al principio abarcaron regiones enteras y luego grandes países.

Las religiones de la época feudal tenían una visión del mundo modelada no sólo según el esquema de la comunidad patriarcal sino también según el de la institución feudal. Se convirtieron en la base de la explotación de las masas por parte de los sacerdotes. El mundo real fue completado por un mundo imaginario de semidioses, dioses y dioses superiores, hasta llegar a un dios supremo y único, que formaban exactamente la misma cadena de poderes que encontramos en la jerarquía eclesiástica o en la jerarquía laica feudal.

El conocimiento en el feudalismo se dividió gradualmente en saber religioso y laico.

Al mismo tiempo, el arte también se separó en arte religioso y arte laico. El arte religioso predominaba sobre el laico. La arquitectura ocupaba un lugar preeminente. Los templos y demás construcciones religiosas servían de centros de agrupación que atraían a la población de numerosas comunidades vinculadas entre sí, a veces de regiones enteras, a veces de países enteros.

En los días de celebración religiosa, miles de personas sin relaciones directas entre sí en la vida económica cotidiana afluían a los templos. Allí, se unían por sus sentimientos religiosos y luego, alrededor del templo, bajo la protección de su presencia reconciliadora y del poder del clero, establecían relaciones más prácticas, intercambiaban mercancías, trababan amistad, cerraban contratos, etc.

«La arquitectura»*) , al igual que su opuesto, la música, es el lenguaje original de los sentimientos. Expresa y materializa las emociones humanas, pero también, por supuesto, las pasiones duraderas, estables y seculares de las masas. Generaciones enteras, a veces toda una serie de generaciones, construyeron templos enormes para las religiones feudales, y los artistas constructores, hijos de su tiempo, consciente, o a menudo inconscientemente, expresaron sus sentimientos dominantes y su fe en las formas que esculpían en la piedra. Los edificios góticos de la Edad Media, como la catedral de Colonia, son la ilustración más clara y simple del concepto de «estilo» arquitectónico. Sus esbeltos contornos ojivales, que se lanzan vigorosamente hacia arriba, expresan con idealismo, profundidad y vivacidad, la aspiración a separarse de lo que es terrenal y ordinario, la aspiración a alcanzar el cielo lejano. Éste es el sentimiento fundamental de la religión católica, consoladora de las masas, que prometía el cielo como recompensa a los tormentos de esta vida, en que la escasez de tierras, la crueldad encarnizada de las guerras y el yugo de la explotación se asemejaban mucho al infierno.

La arquitectura consolidaba y transmitía sin interrupción de generación en generación, los sentimientos predominantes de los pueblos y de las clases. Así, la escala gigantesca y las formas masivas de la arquitectura de los antiguos romanos, eran auténticas expresiones en piedra del orgullo del pueblo que había conquistado el mundo. Del mismo modo, cuando una aristocracia degenera y se convierte en parasitaria, los estilos arquitectónicos muestran una complejidad de formas creciente e incluso más caprichosa, recurriendo a sutilezas y rebuscamientos, a menudo incluso en detrimento de la solidez y de la utilidad práctica de los edificios (el estilo «barroco» y después el «rococó»). Así se expresa la búsqueda de sensaciones nuevas, refinadas, que engendran la saciedad y el embotamiento de las percepciones, etc.

En la época feudal, la importancia educativa de la arquitectura era muy significativa. En el ambiente conservador de entonces actuaba como la guardiana de la tradición distributiva de privilegios, identificando las emociones de los descendientes con las de sus antepasados.

La escultura y la pintura de los templos reforzaban el papel de la arquitectura, del mismo modo en que lo hacía la música en los servicios religiosos.

El arte laico era mucho menos importante que el arte religioso.

Bajo el feudalismo, el arte religioso no sólo era el arte de los sacerdotes sino también el popular.

El arte laico emergente estaba vinculado principalmente con las necesidades de los señores feudales laicos, a medida que se iban convirtiendo en los representantes de la explotación, del lujo y del goce de la vida. Este arte no tenía raíces en las masas y esa era la causa de su relativa debilidad.»

El fetichismo abstracto en el arte apareció en la sociedad individualista de la producción capitalista. La economía de una sociedad así se caracteriza por la cooperación no organizada, el intercambio de bienes y la propiedad de las herramientas de producción.

Las características fundamentales del arte en una economía de intercambio se distinguen por el hecho de que el arte se convierte en una rama de la economía y crea así, entre otras, una serie de ramas particulares, trabajando como ellas para el mercado.

Las obras de arte se consideran productos individuales de un maestro. No hay lugar aquí para la creatividad popular anónima propia de las culturas autoritarias. En ellas, los mitos, los cuentos, la poesía épica, las canciones, la música y las danzas no eran creados por este o aquel individuo sino por una comunidad, una tribu, igual que la arquitectura, la escultura y la pintura; los templos construidos a veces por decenas de generaciones bajo la supervisión de arquitectos anónimos que se sucedían; las estatuas; las pinturas de iconos en estos templos, etc. En la sociedad de intercambio, un tipo de trabajo como éste, anónimo y colectivo, es inconcebible porque se basa en relaciones directas con la

*) De aquí en adelante el texto esta tomado de *La ciencia de la conciencia social.*

sociedad, a la que el artista productor de mercancías no puede ser sensible, porque vende sus obras soportando toda la lucha y toda la competencia del mercado.

El papel que desempeña el arte en la organización de la sociedad elude la conciencia de los artistas, así como la de toda la sociedad. Aquí encontramos el mismo fetichismo abstracto que en la ciencia: la noción de arte «puro» y de belleza «pura» es idéntica a la noción de saber «puro» y de verdad «pura».

El contenido mismo de las obras de arte es individualista: se trata de un individuo aislado, de sus intereses, de su lucha, de su destino, de sus sentimientos, etc. El individuo solitario en su conciencia es explícita o implícitamente el héroe constante de estas obras: de una manera manifiesta, por ejemplo, en las novelas, los poemas, las obras líricas o las esculturas, donde se representan directamente sus experiencias; de una manera latente, por ejemplo, en la música y en el paisaje, que no lo representan pero que transmiten a su manera sus estados de ánimo, sus aspiraciones e impulsos.

El fetichismo abstracto no consiste en pensamientos o imágenes abstractas, sino en un punto de vista abstracto, por ejemplo, cuando una verdad científica o una obra de arte son consideradas como una cosa que sólo tiene importancia en sí misma, sin relación alguna con la sociedad o con la vida de la que forma parte, es como si se abstrajera de su sentido real, es decir, de su función social.

En el arte religioso no había abstracción: un templo o una estatua de una deidad eran percibidos como algo que unía a los fieles entre sí y, al mismo tiempo, a ellos con la divinidad, que era el representante idealizado de las generaciones pasadas; es decir, el arte era una especie de vínculo social. Pero si la misma estatua de la deidad, después de varios siglos, entrara en la sociedad de trueque, por ejemplo, si se tratara de un hallazgo de una excavación arqueológica, sólo se vería en ella, más o menos, una imagen perfecta de la belleza y nada más. En la actualidad, sin embargo, seguiría vinculando a las personas que la miran, aportándoles cierto conocimiento general de la posibilidad de una vida armoniosa y poderosa, infundiéndoles el sentimiento y el deseo de unidad. En definitiva, perduraría como vínculo social, aunque con una forma nueva. Pero esta función no es conocida por la mentalidad de la sociedad de trueque.

La teoría del «arte cívico» tampoco está exenta de fetichismo abstracto, porque mantiene que un artista debe esforzarse en que sus obras sirvan a la sociedad, transmitan ideas útiles e inspiren sentimientos virtuosos.

Esta teoría sugiere que el arte también puede no ser útil a la sociedad, es decir, que no se dé cuenta del verdadero significado del arte. Sin embargo, este sentido, que es un sentido de organización social, está siempre presente en las obras de arte. Cuando la sociedad se divide en partes heterogéneas, la obra de arte puede cumplir satisfactoriamente esta función para ciertos elementos sociales, estratos y clases, y sin embargo no cumplirla para otros. El arte aristocrático no es adecuado para los artesanos democráticos, campesinos y pequeños comerciantes, mientras que el arte democrático no encajará con los aristócratas. Ambos tienen un carácter organizativo, aunque están dirigidos a dos estructuras sociales diferentes.

Cuando se exige del arte que se ponga conscientemente al servicio, por ejemplo, de un objetivo político o una doctrina moral, simplemente se transforma en un arte «aplicado» del mismo tipo de arte que el que se utiliza para decorar interiores.

Por ejemplo, si el arte tiene un carácter político se reconoce inmediatamente su relación con la actividad social y política, pero no se puede considerar su papel organizativo general fuera de esta relación particular. La teoría del «arte cívico» es tan fetichista como la teoría del «arte puro».

Cuando utilizamos datos científicos somos conscientes de que la información que nos procuran puede ser complementada y cambiada. Pero todo lo que sabemos contribuye a orientarnos y a hacernos asimilar lo esencial: el arte nunca ha sido algo inmaterial ni eterno, ni establecido de una vez por todas. Sus formas, su significado social, sus medios y sus objetivos han cambiado en relación con las transformaciones de las posibilidades técnicas, los sistemas sociales y económicos y las condiciones de la organización de la sociedad humana.

Los fenómenos sociales concretos son
el producto de la actividad práctica humana.

Si en otro tiempo muchos creían que «las relaciones económicas se desarrollaban por sí mismas, independientemente de nosotros, y sin necesidad de que participáramos en ellas», hoy nuestra consciencia no puede contentarse con esta concepción. De lo contrario, toda la actividad práctica de la revolución proletaria se convertiría en un disparate absoluto. Pero nuestra contribución reside en situar «las formas de la necesidad externa» y «la serie infinita de casualidades aparentes» en el camino de la racionalidad social, sin violar las leyes del pensamiento humano.

Hemos sabido, sin infringir las leyes del desarrollo histórico, acceder al sistema soviético. ¿Acaso este sistema, este nuevo régimen social, no ha surgido y no se ha desarrollado en las condiciones de una nueva estructura social?

En la actualidad se está desarrollando y formulando la nueva ideología de este régimen, aunque todavía no haya logrado el equilibrio del sistema económico.

Para un marxista convencido, no es en absoluto sorprendente que surjan nuevos problemas en la producción intelectual del trabajo artístico, de los que únicamente puede tomarse conciencia en su realidad concreta, en la p r á c t i c a.

«La doctrina materialista», dice Marx, «de que las personas son producto de las circunstancias y de la educación, y de que por tanto, los hombres modificados son producto de circunstancias distintas y de una educación modificada, olvida que son los hombres, precisamente, los que hacen que cambien las circunstancias y que el propio educador necesita ser educado».

No sería ningún pecado recordar este hecho ahora y no oponerse a una acción útil y seria en el ámbito artístico de la producción intelectual y material:

«La coincidencia de la modificación de las circunstancias y de la actividad humana sólo puede concebirse y entenderse racionalmente como práctica revolucionaria».

Sólo en el trabajo y en la práctica, los adversarios del arte tradicional y los innovadores de la producción intelectual y material pueden demostrar la verdad práctica de su acción.

Conquistar este derecho, es decir, el derecho a una actividad concreta, a la posibilidad de producción, estas son las tareas del día, porque la cuestión de saber «si al pensamiento humano se le puede atribuir una verdad objetiva, no es un problema teórico, sino un problema práctico». (Karl Marx)

«Es en la **práctica** donde el hombre tiene que demostrar la verdad, es decir, la realidad y el poderío, la terrenalidad de su pensamiento. ». (Karl Marx)

«El defecto fundamental de todo el materialismo anterior –incluido el de Feuerbach- es que sólo concibe el objeto, la realidad, la sensorialidad, bajo la forma de objeto o de contemplación, pero no como actividad sensorial humana, no como práctica».

«De aquí, que el lado activo fuese desarrollado por el idealismo, por oposición al materialismo, pero sólo de un modo abstracto, ya que el idealismo, naturalmente, no conoce la actividad real, sensorial, como tal». (Karl Marx)

El arte de la época capitalista burguesa era la expresión externa y formal del idealismo filosófico en todas sus formas y fijaba un aspecto abstracto «eficiente» de la realidad misma por lo cual sus medios de representación adquirían un sentido y un significado racional.

La pintura, la escultura, la arquitectura noble, por así decirlo, e incluso el teatro son las formas materiales del orden estético de la cultura burguesa y capitalista que satisfacían las necesidades «espirituales» del consumidor de este régimen social no organizado.

La revolución proletaria destruyó el equilibrio artificial de la sociedad burguesa y también expuso el carácter estúpido e ilusorio de la actividad artística, la ineptitud y la agudeza de sus contradicciones. Levantó el velo y descubrió su verdadero rostro, hecho de magia, de hechicería, de encantamientos y sortilegios, en pocas palabras, golpeó en el corazón de la magia estética.

Un sinfín de valores artísticos permanecían sólidamente fijados al suelo en su forma material, pero el material humano vivo se estremecía.

La existencia determina la conciencia. El materialismo ha pasado del dominio de la lucha literaria a la realidad concreta y ha penetrado con su aspecto más terrible: empieza a actuar de una manera práctica.

La producción artesanal artística, con su técnica antediluviana, su abstracción y sus medios de expresión abstractos ha dejado de desarrollar sus funciones.

Su lugar ha sido ocupado por otro modo de producción, tímido y privado todavía de un nombre preciso y directo.

Recordemos que hay que comprender cada etapa del desarrollo social bajo los rasgos particulares inherentes a ella.

En cada época, los fenómenos sociales están relacionados entre sí.

«Cuando se trata de fenómenos sociales hay que partir de las fuerzas de producción materiales y sociales, de la técnica social, y del sistema de los medios de producción».

«¿Habría sido posible», pregunta el camarada Bujarin, «que los esquimales de los campos helados hubieran inventado el telégrafo sin hilos? ¿O que la ciencia moderna pudiera predecir el futuro guiándose por las estrellas? ¿O que el marxismo hubiese aparecido en la Edad Media?

Claro que no».

«Los esquimales de los campos helados no habrían podido inventar el telégrafo sin hilos porque ni siquiera tenían la costumbre de utilizar el teléfono. La ciencia moderna no se ocupará de una tontería como la predicción del futuro porque la ciencia, en el grado de su desarrollo, niega este tipo de cosas. El marxismo no habría podido aparecer en la Edad Media porque no existía el proletariado. El marxismo no tenía una base desde la cual crecer.

«Ahora tomemos, por ejemplo, la técnica desarrollada, el proletariado, la enorme cantidad de periódicos, los anuncios de grandes dimensiones, los *trust*, los aviones, la teoría de los electrones, los dividendos de Rockefeller, una huelga de mineros, los partidos comunistas, la Liga de las Naciones, la Tercera Internacional, la electrificación, los ejércitos de millones, Lloyd George, Lenin, etc. -son fenómenos que pertenecen claramente a un mismo periodo, a una misma época.

«De la misma manera en que el poder del Papa de Roma, una técnica relativamente débil, el trabajo servil de los campesinos, la ciencia de los clérigos (la escolástica), la búsqueda de la piedra filosofal (con la que es posible convertir cualquier material vil en oro), la Inquisición, los malos caminos, el analfabetismo incluso de los reyes, la comunidad aldeana, las brujas, los gremios de artesanos, el latín vulgar (hablado y escrito por los estudiosos), el bandolerismo de los caballeros, eran todos fenómenos de un mismo periodo (la Edad Media).

¿Es posible trasplantar a Lenin, a Lloyd George o a Krupp a la Edad Media? ¿Es posible presenciar hoy en día un torneo de caballeros, luchas hasta la muerte por la sonrisa de una dama, en la Plaza Roja?

Imposible.

Pero parece que el arte todavía es capaz de arrojar sombras.

«Con ayuda de todo tipo de adornos, se nos ofrecen Lears, Hamlets, Godunovs, Oneguins y Tatianas y toda una lista infinita de nombres de héroes y villanos muertos de todos los tiempos y naciones, representados en lienzos, tallados en madera, maquillados, ataviados, etc., etc.

Y en un tiempo en que a nadie se le ocurriría utilizar un caballo y un carruaje como medio de transporte en Petrogrado, nos sentamos, aunque de un modo metafórico, en esta o aquella época, y contemplamos con un aspecto de lo más serio las manos de una vieja de Rembrandt o los muslos de la Venus de Milo.

¡Ya basta de esta idiotez!

La nuestra es una cultura del trabajo y del intelecto, la cultura de una época técnicamente avanzada.

Y del mismo modo que la forma de la sociedad está determinada por el desarrollo de las fuerzas productivas, es decir, por el desarrollo de la técnica, así, los fenómenos sociales se componen de la esencia de una forma social concreta, por un lado, y de las conquistas tecnológicas, por otro.

Nuestra época es una época industrial.
Y la escultura debe dar paso
a un tratamiento espacial del objeto.
La pintura no puede competir con la
escritura de luz, es decir, con la fotografía.
El teatro es ridículo cuando nuestra época produc
«acciones de masas» explosivas.
La arquitectura no tiene poder para detener
el desarrollo del **constructivismo**.
El constructivismo y la acción de masas
están indisolublemente unidos al modo de producci
de nuestro modo de vida.

Hay que entender lo que representa en **realidad** la nueva ideología.

Infectados por la estética, nuestros marxistas no se contentan con honrar y presentar como absolutas las verdades eternas del arte, atribuyendo una importancia supersticiosa a la belleza: el arte mismo, a sus ojos, es indestructible y eterno.

Todo esto contradice radicalmente la tendencia dialéctica del pensamiento marxista y subraya una vez más que no podemos tolerar los impulsos oportunistas en nuestra actitud, incluso hacia «materias» tan delicadas como la belleza, la estética y el arte.

«Cuando un químico», escribe Jules Destrée, «fabrica una caja de pastillas y un zapatero confecciona un par de botas, el producto de su trabajo tiene una finalidad del todo determinada y limitada; se utilizará y se gastará. Una obra de arte, por el contrario, no tiene ese carácter determinado y limitado.

Es casi absolutamente inagotable y nadie puede determinar exactamente la cantidad de sensaciones placenteras, la masa de sentimientos sublimes y elevados que es capaz de despertar. Las botas se usarán, las pastillas causarán su efecto, pero una obra de arte, después de haber procurado placer espiritual a miles de personas, es aún capaz de seguir procurándolo a miles y miles más, y de este modo se transforma en una fuente inagotable de alegrías sublimes para toda la humanidad.

«¿Hacen falta ejemplos?

«¿Quién es capaz de enumerar todos los pensamientos grandes y generosos inspirados por la escultura de los antiguos griegos?

«¿Cuánta energía y cuánto coraje despierta en las personas que avanzan hacia un mejor futuro la canción y la poesía sagradas de la *Marsellesa*?

Estas estatuas, estas construcciones, estas melodías y esta poesía, que han procurado tanta esperanza, son siempre jóvenes e inmortales, siempre inagotables, siempre están dispuestas a procurar a quienes sean capaces de admirarlas las mismas alegrías sublimes.

«Son fuentes de un agua siempre fresca y siempre inagotable, ante las cuales se inclinan, una tras otra, las generaciones sedientas de belleza».

Era necesario citar este largo pasaje de un representante del ala oportunista de los socialistas, para ahorrarnos tiempo y para no citar toda una multitud de ejemplos de incontinencia verbal de nuestros estetas convertidos al «marxismo» o «marxistas» convertidos en estetas, que sin vergüenza cubren de elogios a las «necesidades espirituales y sublimes», el «carácter inagotable y absoluto del arte», «la imposibilidad de determinar exactamente esa «cantidad de sensaciones agradables», o esa «masa de sentimientos sublimes y elevados», el «goce espiritual» o «las sublimes alegrías», en definitiva, todo lo que da el arte eterno e inmortal.

En efecto, ¿es preciso dar ejemplos ahora para demostrar y enumerar «todos los nobles y grandes pensamientos inspirados por la escultura de los antiguos griegos»? No, creemos que no es preciso, simplemente porque no es necesario.

La actividad humana es el mejor ejemplo y la prueba más convincente.

Y creemos que «esas estatuas, esas construcciones, esas melodías y esa poesía» siempre jóvenes e inmortales, capaces de despertar un sentimiento de admiración en todos aquellos (es cierto) que sean capaces de admirarlos, seguirán siendo siempre fuente inagotable para todas «las generaciones idólatras».

En cuanto a nosotros, rebeldes, debemos estar más atentos cuando bebamos el «néctar» de las verdades inmortales y eternas de la belleza, así como de todas las verdades.

Sabemos lo que Marx decía sobre «las verdades eternas» de la ciencia económica, fundada por Proudhon.

Las calificaba de ilusiones de la «filosofía especulativa».

Aferrarse a estas verdades eternas, la esencia de las cuales «no puede ser destruida por ningún desarrollo posterior», es un rasgo nefasto para un espíritu marxista.

Si las verdades económicas son la expresión teórica de unas relaciones de producción determinadas en un momento histórico preciso y si, las verdades sociales, como dijo Engels, «no tienen un alcance más que limitado en las relaciones que existen sólo en determinados pueblos, bajo formas civiles y sociales efímeras por naturaleza», por qué debemos entonces asignar al arte un lugar permanente en la esfera de la reflexión intelectual, sobre todo en ese periodo, particularmente fértil en transformaciones sociales infinitas, que es en esencia la revolución proletaria?

«Nunca debemos olvidar que los conocimientos que adquirimos están necesariamente limitados por las circunstancias en las que los adquirimos». Del mismo modo, los sentimientos de los que se enorgullecen los simples estetas o nuestros estetas marxistas también están necesariamente limitados por las condiciones en que se desarrollan.

Ésta es la razón por la que «las decisiones definitivas y las verdades eternas deben, de una vez por todas, perder todo significado a nuestros ojos».

Es hora de eliminar en nosotros ese ruin atavismo.

Sabiendo que el final de la sociedad de consumo capitalista supondrá también el final de la economía política, entonces podemos preguntarnos, por qué no debería el final de una economía social no planificada, en la que las relaciones entre las personas son substituidas por las relaciones entre objetos, suponer también el final de toda una serie de funciones sociales, puesto que el fatalismo, el caos y el desorden serán sustituidos por la planificación y la consciencia de toda la vida social del futuro comunismo triunfante.

Pero no hablemos de esto ahora.

Por ahora, es importante establecer cuándo se producirá un cambio legítimo en el arte, si el equilibrio de la sociedad de clases ya se ha roto y si la transformación social adquiere un carácter dinámico y sistemático, y no episódico.

Para formular esta cuestión concreta con la mayor claridad posible es necesario aclarar los contenidos de este cambio en particular.

No se trata del cambio superficial del que llevamos hablando cuatro años.

Los cambios de los temas y de los personajes literarios en las bellas artes, la elección del contenido según la coyuntura política o la defensa de los arcaísmos formales y de los temas sociales del tiempo del eclecticismo utópico, llamar a todo este galimatías avance revolucionario y presentarlo como el arte proletario nuevo es, por supuesto, una empresa absurda y, por tanto, difícil.

Resulta sencillamente vergonzoso hablar de este famoso «avance», impregnado a la vez de tufos sentimentales y mezquinos y de literatura chabacana.

Los espíritus cultivados nunca han considerado que el tema tratado en una obra fuera la sustancia esencial del arte.

Si bien el arte, a consecuencia de la falta de libertad, ha expresado las ideas sociales y los sentimientos de las clases dominantes, sus raíces profundas se han hallado siempre en su realidad material y formal, en su producción.

Esta producción se ha desarrollado despacio y de manera desigual, puesto que, como otros sectores de producción, durante la época de la esclavitud, del feudalismo o de la sociedad burguesa capitalista, no era libre.

Pero el arte figurativo no respondía a las necesidades de la sociedad considerada en su conjunto, como un bloque monolítico.

A veces se limitaba a la simple representación de los procesos de producción, servía a este o aquel dogma religioso o a esta o aquella doctrina filosófica o expresaba la psicología de la clase no productiva.

Las clases dominantes no sólo mantenían los medios materiales de opresión sino también las formas intelectuales que contribuían a fortalecer la esclavitud.

Y el arte, reducido al estado de siervo, casi no lograba desarrollarse, es decir, distinguirse en su significado formal y productivo.

En este estado de servidumbre, el arte era incapaz de hacer algo más que ilustrar «las limitadas relaciones que existen sólo en un tiempo determinado, para un pueblo determinado y para las formas sociales y gubernamentales, transitorias por naturaleza».

En la época de eclecticismo extremo, es decir, en la época de la cultura burguesa, en cuyo seno se gestaban las fuerzas de las nuevas etapas históricas, surgían de vez en cuando, innovadores aislados que tenían la valentía de romper las cadenas de la obligación de «servidumbre» que les unían a la clase dirigente.

Rechazando cualquier «espiritualidad» e ideología dogmática marcada con un claro sesgo de clase, subrayaban vívidamente sus principios productivos a la hora de solucionar los problemas formales en el dominio de la pintura, del volumen y de la acción.

Al no encontrar [los artistas] una aplicación práctica a su arte en una sociedad oficialmente en vías de descomposición, incapaces de asumir las tareas de la nueva clase emergente, confinados a vivir en su mundo interior, se daban contra los gruesos muros de un estrecho profesionalismo desgajado de la vida.

Pero el Octubre proletario estalló.

Los partidarios y los portavoces del pasado fueron barridos.

Ese hecho histórico, único por su nitidez, puso en evidencia cómo un bacilo contrarrevolucionario se había despertado entre los sacerdotes del arte.

Los grupos antes mencionados reaccionaron de formas muy distintas ante estos acontecimientos. Sin asimilar la ideología de la clase obrera, que substituyó a la burguesía, ellos, como productores, irrumpieron en la vorágine de las transformaciones sociales generales.

En cuanto a nosotros, no hemos estado a la altura de nuestro deber comunista en todos los dominios de la producción y de las transformaciones sociales.

Las viejas tradiciones, el fetichismo y una bajeza atávica nos mantuvieron firmemente (e incluso a muchos todavía hoy) en las garras de un pasado abominable.

Los quevedos pequeñoburgueses, que no se ajustaban sobre nuestra nariz política, se ciñeron perfectamente a ella al tratar de respirar los aromas del esteticismo idealista.

Fue a través de ellos [los quevedos] que nuestros líderes responsables miraron las bases sanas de la expresión formal del trabajo artístico en la producción material e intelectual.

No tardó en evidenciarse la ausencia de una línea clara en el ámbito de la construcción cultural y en el del arte, en particular.

Después de nivelar a los especialistas sobre un terreno recién mullido y, en lugar de brindar un plan de producción estricto a los auténticos innovadores, [nuestros líderes] han abierto la puerta a esa especialidad que consiste en fabricar imágenes espirituales de una ventriloquia sofocante.

El avance no sólo no se percibió en un sentido positivo sino que fue acogido negativamente y asustó a la gente del Narkompros, hasta el punto que ellos mismos retrocedieron siglos, volviendo a lo que se denomina clasicismo y academicismo.

Éste es el avance que tenemos en mente cuando preguntamos sobre el día y el mes para su reconocimiento legítimo.

Pero los estetas marxistas que, con espuma en la boca, reivindican los derechos soberanos del arte eterno e imperecedero, son incapaces de admitir que ese avance, que les horroriza, ha ocurrido.

Refiriéndose a las bases socialistas del marxismo, sostienen que las superestructuras ideológicas y su expresión formal son cuestiones para un futuro lejano.

Olvidan o no advierten –consciente o inconscientemente, es asunto suyo– que si las teorías de los creadores del socialismo científico se desarrollaron y profundizaron a lo largo de varias décadas, no es menos cierto que la técnica y la estructura económica de la sociedad, así como el estado correlativo de las fuerzas de producción, ya han cambiado en grado suficiente.

Es hora de «asumir» la nueva ideología (del arte) que proviene orgánicamente de las nuevas condiciones económicas, a pesar de reticencia evidente de los sacerdotes de la estética, que se esconden detrás de Marx.

Sólo hay que entender lo que representa **en la práctica** esta nueva ideología.

Cómo y bajo qué formas prácticas se implementará ahora en las condiciones determinadas de la sociedad presente.

De la actividad especulativa del arte al trabajo artístico en su práctica social.

La sociedad humana *) **representa un sistema de individuos unidos. Esta unión es, ante todo, un sistema de trabajo: un aparato laboral humano.**

La organización y sistematización de las ideas y la producción de bienes se desarrollan ininterrumpidamente según el principio necesario de interdependencia consecutiva.

Las moles de piedra de las ciudades, las gigantescas construcciones, las vías férreas, los puertos, los automóviles y las casas... son «órganos» materiales técnicos de la sociedad.

Cualquier máquina, sea cual sea, pierde su valor como tal fuera de la sociedad humana; se transforma en un simple fragmento de la naturaleza, una combinación de piezas de acero y de madera, sin más.

Imaginémonos que se hunde un buque, ese coloso enorme provisto de un potente motor, que sacude todo ese monstruoso cuerpo de acero de casa flotante, con sus miles de instalaciones de todo tipo, desde trapos de cocina hasta transmisores de radio.

Cuando una nave reposa como un peso muerto en el fondo del mar, su compleja construcción pierde completamente su valor social. El buque, al perder su existencia social deja de ser un buque; expulsado de la sociedad, ya no es parte de la misma porque ya no cumple una función social; ha pasado de ser un objeto social a ser un simple objeto, equiparable a cualquier otro elemento de la naturaleza, sin contacto directo con la sociedad humana.

La técnica no constituye simplemente un trozo de la naturaleza externa, sino que es un órgano desarrollado de la sociedad: es una técnica social.

De este modo, los objetos adquieren su significado en la «vida social», entran en la sociedad humana como un sistema técnico que forma su aparato material de producción.

El hombre ha reforzado su vista con prismáticos y telescopios. Ha inventado el teléfono para que su oído y su voz no toparan con ningún obstáculo, por así decirlo, «natural» y pudiera hablar y escuchar a una distancia de cientos de kilómetros. Desarrolló hasta el extremo su capacidad para desplazarse y comenzó a devorar el espacio utilizando motores.

Incluso el hombre elevó el frenesí salvaje de saltar a una altura de varios miles de metros, forzando a los aviones a despegar del suelo. Es el prolongamiento técnico del hombre y de sus capacidades.

---

*) El inicio de este capítulo presenta el texto escrito por Bujarin (*La teoría del materialismo histórico*).

Cuando hablamos de técnica social, sin embargo, no nos referimos a ninguna clase de herramienta o grupo de diferentes herramientas, sino al sistema constituido por esas herramientas, su conjunto en toda la sociedad.

Es necesario imaginar que en una sociedad determinada, en lugares diferentes, pero en un orden determinado, se encuentran dispersos la maquinaria y los motores, los instrumentos y los aparatos, las herramientas sencillas y complejas.

En algunos lugares se han amontonado como enormes nidos (por ejemplo, en los centros de la industria pesada); en otros, las herramientas de trabajo se hallan dispersas. Pero, a cada instante, si la gente está unida por el vínculo del trabajo, si constituimos una sociedad, todas las herramientas de trabajo están relacionadas entre sí, no sólo en nuestro pensamiento sino objetivamente, realmente, todas las «técnicas» por así decirlo de diferentes ramas de la producción forman un todo, una tecnología social única.

El sistema técnico de la sociedad, la organización de sus herramientas, forma también la organización de las relaciones humanas.

La estructura económica de la sociedad se basa en el conjunto de las relaciones de producción.

La estructura social y política de la sociedad está directamente determinada por su estructura económica.

Pero en periodos de revolución surgen contradicciones.

Vivimos en la primera república proletaria del mundo. El poder de los trabajadores realiza las tareas fijadas por los planes y lucha no sólo por mantener el poder sino por su supremacía y por establecer nuevas formas de vida social históricamente necesarias.

En el ámbito del trabajo y del intelecto no hay lugar para la actividad especulativa.

En el ámbito de la construcción cultural sólo tiene valor real aquello indisolublemente vinculado a las tareas generales de la realidad revolucionaria.

El entorno burgués puede obligarnos a realizar toda una serie de retiradas estratégicas en el campo de las normas económicas y de las relaciones económicas, pero bajo ningún concepto debería alterar el proceso de nuestro trabajo intelectual.

La revolución proletaria ha estimulado el pensamiento humano y ha sacudido hábilmente las reliquias sagradas y los ídolos de la espiritualidad burguesa. No sólo ha atacado a los sacerdotes de la religión sino que ha hecho lo propio con los sacerdotes de la estética.

¡El arte ha muerto! No hay lugar para él en la máquina humana del trabajo. ¡Trabajo, técnica, organización!

Reevaluar las funciones de la actividad humana, la relación de cada esfuerzo con el impulso general de los objetivos sociales:

Ésta es la ideología de nuestros días.

Cuanto más claramente se presentan ante nuestra conciencia las fuerzas motrices de la vida social, cuanto más vívidamente se perfilan sus formas sociales y políticas, más se impone a los maestros del trabajo artístico la tarea siguiente:

Romper con la actividad especulativa (del arte) y encontrar los caminos que conducen a una acción concreta, aplicando conocimientos y habilidades a un trabajo auténtico, vivo y funcional.

La producción intelectual y material establece relaciones de trabajo y vínculos de producción con la ciencia y la técnica, sustituyendo el arte que, por su naturaleza, no puede desvincularse de la religión ni de la filosofía y es incapaz de romper el círculo, cerrado sobre sí mismo, de la actividad especulativa y abstracta.

Tectónica

Factura

Construcción.

Conservando las sólidas bases materiales y formales del arte, como el color, la línea, la superficie, el volumen y la acción; el trabajo artístico, interpretado desde un punto de vista materialista, hallará las condiciones para una actividad directa con un fin preciso, y la producción intelectual y material descubrirá nuevos medios de **expresión** artística.

Estos nuevos medios, no deben reflejar, retratar o interpretar la realidad sino construir y expresar los objetivos previstos del proletariado, esta nueva clase activa y vigorosa que «construye las bases para una sociedad futura y las construye como una entidad de clase, como una fuerza organizada, dotada de un plan y una gran determinación para cumplirlo, a pesar de los obstáculos que puedan aparecer».

Precisamente ahora que la revolución proletaria ha triunfado y su proceso a la vez constructivo y destructivo abre sólidos caminos hacia una cultura organizada según el grandioso plan de la producción social, todos; tanto el maestro del color y de la línea, como el que sabe combinar volúmenes y espacios o el organizador de las acciones de masas, deben convertirse en constructivistas unidos en la causa común de la construcción y movilización masiva de millones de hombres.

Para abordar este nuevo trabajo, sin precedentes en la historia de la humanidad, hay que empezar por abrir nuevas vías de investigación práctica.

Encontrar la expresión comunista de las construcciones materiales, es decir, establecer científicamente la aproximación a la construcción de nuevos edificios y de nuevos servicios que respondan a las exigencias de la cultura comunista, en su estado de transición actual y en sus fluctuaciones, en resumen, en todas las formas de su progreso histórico a partir del periodo de destrucción; tal es la primera tarea de la producción material e intelectual en el ámbito de la construcción, es decir, del constructivismo.

La segunda tarea consiste en definir científicamente un enfoque que permita organizar y cimentar los procesos colectivos del trabajo, los movimientos de masas en el conjunto de la producción social como un todo, es decir, de elaborar el primer esquema planificado de la humanidad para una viva «acción de masas».

Estas son las tareas fundamentales y primordiales de la producción material e intelectual en el ámbito del trabajo artístico.

Si consideramos racionalmente la realidad problemática en la que vivimos desde el inicio mismo del Octubre de 1917, si analizamos paso a paso las etapas de ahondamiento revolucionario y entendemos las complejas maniobras de la estrategia proletaria, nos daremos cuenta de cuántas desgracias hemos soportado y seguimos soportando porque no siempre disponemos de camaradas suficientemente preparados, capaces de resolver adecuadamente las tareas que surgen espontáneamente durante los periodos de desarrollo revolucionario.

Este fenómeno se ha manifestado en todos los frentes de la revolución.

No tenemos en mente esta o aquella especialización, esta o aquella profesión, este o aquel oficio, pues no se trata de eso.

La revolución es una forma superior de transformación social, requiere conocimientos e iniciativas específicos.

Esta verdad práctica pudo penetrar por completo durante la revolución después de una serie de victorias y de esfuerzos intensos para consolidar las conquistas.

En el campo del arte, también sucedió algo profundo y significativo.

El Octubre proletario brindó un suelo fértil a las semillas del arte de izquierdas. Los exponentes más importantes y talentosos alcanzaron el poder. Durante cuatro años, los dirigentes de la actividad artística del país, escasos en número pero muy cualificados, transformaron escuelas y movilizaron todas las fuerzas. Pero a pesar de gozar de una atmósfera tan favorable no lograron establecer sólidamente nuevas formas de expresión artística, porque en el seno de estos grupos de izquierdas no había revolucionarios socialmente instruidos. Priorizaron las conquistas individuales y profesionales en el ámbito de su especialización artística por encima de las tareas de la revolución proletaria. Esa fue la causa principal de su fracaso.

Sin embargo, la revolución crece y se hace más profunda y, con ella, se desarrollan y crecen intelectualmente los innovadores del arte de izquierdas.

La producción intelectual y material se enfrenta a este problema: ¿con qué medios y cómo crear y educar a cuadros de obreros en el campo del trabajo artístico para que asimilen y dominen las tareas que, surgen constantemente ante nosotros en cada giro del camino de la revolución?

Desde un punto de vista formal, algunos de los maestros del arte de izquierdas poseen talentos excepcionales y medios suficientes para pasar a la acción pero carecen de una base organizativa.

El constructivismo trata de suplir esta carencia.

Une indisolublemente el aspecto ideológico y el aspecto formal.

Los maestros de la producción material e intelectual en el campo del trabajo artístico se están adentrando colectivamente en la vía de la educación comunista.

El comunismo científico es el primer y principal tema de sus estudios.

El régimen soviético y su práctica son la única escuela para constructivismo.

La teoría del materialismo histórico según la cual los constructivistas comprenden la historia en general y las leyes esenciales de la sociedad capitalista, les sirven igualmente como método en el estudio de la historia del arte. El arte, como todos los fenómenos sociales, es para los constructivistas el producto de la actividad humana, determinada por las condiciones técnicas y económicas en que surgió y se desarrolló. Pero teniendo una relación directa e inmediata con él como productores, también crean, por primera vez en el proceso del estudio general del arte, una ciencia de la historia de su desarrollo formal.

Teniendo en cuenta que la nuestra es una sociedad en plena transición del capitalismo al comunismo y que el constructivismo no puede romper con su base fundamental, es decir, con la vida económica, se puede considerar la práctica del régimen soviético como la única escuela donde se pueden llevar a cabo, con determinación y sin descanso, una serie infinita de experimentos.

El materialismo dialéctico es para el constructivismo una brújula que indica los caminos y los objetivos lejanos del futuro. El método del materialismo dialéctico abre un campo inexplorado en el sentido que elabora y descubre nuevas formas de construcciones materiales. Esta abstracción no lo separa de la actividad empírica. El constructivismo avanza confiadamente por el mundo, todas sus ideas se encuentran en el comunismo.

Para seleccionar de entre los miembros de su propio circulo constructivista a los practicantes y los teóricos cualificados desde un punto de vista marxista, es necesario incluir el trabajo en un sistema determinado y crear disciplinas capaces de englobar todos los procesos de trabajo y experimentación constructivista.

Los artistas de izquierdas dejaron tras de sí un camino fecundo, sembrado de experimentos exitosos y fallidos, de descubrimientos y derrotas. La segunda década del siglo XX ya conoció sus esfuerzos innovadores. Un análisis riguroso permite discernir entre ellos, una tendencia imprecisa pero persistente hacia los principios de producción industrial: la factura como forma de representación pictórica hecha para la percepción visual y la búsqueda de leyes estructurales como forma de construcción de la superficie. En torno a estos dos principios, giraba la pintura de izquierdas, debatiéndose obstinadamente en medio de las antiguas tradiciones artísticas. Los suprematistas, los no figurativos y los «sin ideas» se acercaban cada vez más a la pura maestría del trabajo artístico de la producción intelectual y material, pero sin lograr cortar el cordón umbilical que todavía los ataba y conectaba con el arte tradicional de los viejos creyentes.

El constructivismo ha desempeñado el papel de comadrona.

El constructivismo, además de esos principios materiales y formales de producción, la factura y las leyes de la construcción, ha dado un tercer principio y una nueva disciplina, la tectónica.

Ya hemos dicho que los pintores de izquierdas, que desarrollaron su en las condiciones de la cultura burguesa, rehusaron servir a los gustos y las necesidades de la burguesía. En este sentido, fueron el primer núcleo revolucionario en la esfera de las instituciones y cánones culturales y desequilibraron su torpe bienestar. Ya entonces empezaron a abordar los problemas de la producción en el campo del trabajo artístico, pero las nuevas condiciones sociales, que les habrían permitido tomar conciencia social y expresarse materialmente con los productos de su arte, todavía no existían.

La revolución proletaria las creó.

Durante los cuatro años de su **avance** victorioso, los representantes comprometidos y cultivados del arte de izquierdas se impregnaron de la ideología del proletariado revolucionario. Sus conquistas formales encontraron en el materialismo de la clase obrera un nuevo aliado. Para ellos, los auténticos profesionales de la producción artística, el trabajo de laboratorio en la factura, en las construcciones dentro de los límites estrechos de la pintura, de la escultura y de la arquitectura irracional, desvinculado de la transformación del organismo social en su conjunto, se han convertido en algo tan irrelevante como una picadura de mosquito.

Y, entretanto, los filisteos y los estetas, a coro con la intelligentsia próxima a ellos soñaban con los medios para «ensordecer armónicamente» al mundo entero con su arte musical y con afinar su alma mercantil conforme al registro soviético;

descubrir la importancia de la revolución social a la Rusia iletrada e ignorante mediante sus imágenes simbólicas y realistas, y llevar a escena el comunimo en los teatros profesionales del país.

El núcleo sano de los adeptos del arte de izquierdas ha empezado a alinearse en el frente de la revolución.

Los constructivistas han pasado del trabajo de laboratorio a la actividad concreta.

Tectónica

Factura

y Construcción

He aquí las disciplinas que permitirán pasar del callejón sin salida del profesionalismo estetizante del arte tradicional a la vía de las realizaciones racionales de las nuevas tareas de la actividad artística en el periodo de la cultura comunista emergente.

Los constructivistas, al abandonar el arte, se unen, con su producción intelectual y material, a los rangos del proletariado en su lucha contra el pasado y su conquista del futuro.

¡Nuestro constructivismo
lucha por la producción intelectual y material
de la cultura comunista!

Antes de la revolución proletaria, cada uno de nosotros, cuando abordaba los trabajos sobre construcciones espaciales, se entregaba a manipulaciones fortuitas del material.

La acumulación de material y trabajo se solucionaban de manera parcelaria y no poseían ninguna base sólidamente fundada.

Todo era concebido a partir una visión profesional muy limitada y estaba artificialmente separado de la vida.

El trabajo se inmovilizó y se encerró involuntariamente en un juego de experimentos concebidos de antemano como proyectos que se situaban «fuera de la vida».

Era necesario pasar a la experiencia real dentro de la vida misma.

En lugar de crear proyectos abstractos, nuestro trabajo debe partir de las tareas concretas que nos plantea la cultura comunista emergente.

El comunismo es, por esencia, dinámico y su primera tarea, que es también la más simple, consiste en planificar y dar pruebas de conciencia en toda la actividad social y económica de las masas.

Rechazando y destruyendo el antiguo modo de vida, [el comunismo] no permitirá que se mantengan las formas monstruosas de la antigua arquitectura ni que reine teoría estética alguna. Su actividad revolucionaria, en el campo de las relaciones de producción y de la producción misma, sentará nuevas bases para la industria, vertiendo en ellas la energía de la técnica, y sólo entonces las «perlas» del periodo capitalista quedarán irremediablemente expuestas, es decir, se juzgarán implacablemente.

¿El comunismo a quién aceptará entonces como constructor?

¿Al arquitecto esteticista?

Por supuesto que no.

El ámbito de la construcción espacial de las instalaciones de la cultura del futuro pertenecerá a los constructivistas.

Antes de abordar el diseño de los edificios, los constructivistas deben trabajarse a sí mismos. Deben aspirar a convertirse en constructivistas cualificados, sólo entonces podrán abordar una acción social seria.

Las formas transitorias de la vida social y las formas materiales que la expresan, a menudo carecen de los parámetros más elementales del constructivismo, por la simple razón de que actualmente no existen maestros educados en un pensamiento dialéctico que les permita dar forma material a las fluctuaciones de la vida y a su contenido concreto.

Si las construcciones antiguas estaban destinadas a inmortalizar un objeto, a establecerlo de una vez por todas sobre la tierra, de manera que sirviera a las generaciones futuras como símbolo silencioso de eternidad, la tarea de los constructivistas se inspira en consideraciones distintas, de carácter práctico.

Es necesario que aprendamos a construir de manera que la dinámica del objeto producido no sea una dinámica abstracta e ilusoria, desde el punto de vista de la impresión visual, sino la auténtica dinámica de un movimiento concreto.

¿Qué significa esto?

Significa que si hoy el comunismo requiere un edificio, se debe construir sin olvidar que mañana exigirá una nueva forma y que ésta deberá adaptarse de manera que la forma anterior no sea suprimida sino que pueda ser completada y que ésta a su vez, pueda acomodarse a una exigencia posterior.

De este modo, para construir el presente, un constructivista necesita saber exactamente qué es el comunismo y qué puede exigirle mañana.

¿Cómo abordar este trabajo?

Los constructivistas hablan de «fenómeno constructivo racional».

¿Cuál es la esencia del propósito constructivista y del constructivismo racional?

Sólo teniendo un conocimiento absoluto de los principios de la economía comunista, asimilando la economía del periodo de transición (del capitalismo al comunismo), y prestando una gran atención a las estrategias políticas y económicas de la acción revolucionaria se podrán dominar las propiedades necesarias para la edificación constructiva.

Por tanto, hay que comprender la racionalidad partiendo, por un lado, de las cualidades y las exigencias orgánicas del comunismo y, por otro, del acercamiento consciente al material industrial.

El capital intentó organizar la cultura burguesa. El arte y la técnica ejecutaban las demandas de sus clientes. En esas condiciones antagónicas, reinaba el azar. Asimismo las formas de la ciudad capitalista, es decir, su arquitectura, eran fortuitas.

Por consiguiente, la revolución proletaria, transformando radicalmente las relaciones sociales transforma involuntariamente las formas de expresión exterior. Sería erróneo partir de las condiciones vinculadas con el modo de vida capitalista, con su fatalismo, su caos y su abulia.

Hay que considerar la racionalidad desde el punto de vista del momento presente de la revolución proletaria.

Para ello, es necesario estudiar el comunismo junto a otras disciplinas especializadas, interpretando creativamente las formas originales de su emergencia y del carácter de su desarrollo ulterior.

El aspecto ideológico debe ir de la mano del aspecto formal, deben ser inseparables e interdependientes.

Es esencial participar activamente en la vida.

Puede que los proyectos necesiten un largo periodo de actividad experimental pero deberán reposar sobre una sólida base formal e ideológica. De lo contrario, el trabajo se encallará en elucubraciones puramente teóricas. Sin duda, un trabajo serio de laboratorio revelará numerosos descubrimientos útiles a las exigencias concretas de la cultura comunista.

El aspecto ideológico debe dirigir la actividad práctica concreta, y la actividad práctica experimental indudablemente corregirá y ajustará la actividad ideológica.

Hasta ahora, los hombres construían «obras» de arte monumentales o simplemente casas con fines lucrativos.

Dejando de lado que el término «monumentalidad» es un tópico muy trillado, éste no puede definir los objetivos de las nuevas construcciones comunistas. Su contenido está saturado de valores de gusto y coronado por la estética.

Las «casas lucrativas» se construyeron de acuerdo con los principios de la economía de mercado. Estaban decoradas por motivos mercantiles, según los caprichos eclécticos de su propietario o bien revestidas, según los antojos del propio constructor, con un estilo mediocre, y con frecuencia se les confería un aire moderno. En América, se limitaban a multiplicarse numéricamente y se alzaban verticalmente en el espacio.

Con la tectónica como primera disciplina, los constructivistas se afanan en abolir la ignorancia y la arbitrariedad de los arquitectos-constructores del sistema capitalista.

Tectónica.

La tectónica o el estilo tectónico se basa y se forma orgánicamente, por una parte, sobre las cualidades del comunismo y, por otra, sobre la utilización racional del material industrial. Esta palabra se tomó prestada de la geología, en la que se utiliza para designar las erupciones procedentes del núcleo terrestre.

La tectónica es sinónimo del carácter orgánico de la explosión de la sustancia interna.

La tectónica, como disciplina, debe llevar en la práctica, a los constructivistas hacia la síntesis de un nuevo contenido y de una nueva forma. [El constructivista] debe tener una cultura marxista y, superando completamente el arte, ha de recuperar el control del material industrial. La tectónica es la estrella que los guía, el cerebro de su actividad y su práctica. El constructivismo sin tectónica es como la pintura sin color.

Factura.

No es posible abordar la definición de factura desde el punto de vista profesional del pintor. Tenemos que abordarla materialmente, sin atribuir a la noción de factura su significado anterior. Hay que dar una nueva definición a este concepto, establecer

cómo se entendía anteriormente y qué es la factura en su esencia.

Al analizar nuestro concepto de factura hay que partir del material en general.

Tomemos por ejemplo el hierro colado, que es un material industrial.

Para fabricar un objeto con este material se lleva a cabo un complejo proceso de producción.

El hierro se funde, esto es, se transforma en una masa de líquido ardiente, se vierte en un molde, pasa a la sección de pulimento o simplemente se corta y después se lleva a un taller de mecánica para trabajarlo con los tornos, tras lo cual se puede afirmar que el hierro colado se ha convertido en un objeto. **Todo este proceso constituye la factura, es decir, el tratamiento del material en su totalidad y no sólo el tratamiento de su superficie.**

Aquí, el material se considera en estado bruto. El uso funcional del material, es decir, la selección y el tratamiento de éste; y el carácter específico de este tratamiento en su totalidad vinculado a una función determinada, es la factura.

Más concretamente, factura es el estado orgánico del material tratado o la nueva condición de su organismo.

La palabra o término factura se emplea de diferentes maneras.

Factura significa el recuerdo del hecho en sí, es la esencia factual de un determinado estado de un cuerpo, de una materia.

Es precisamente este significado el que nosotros mantenemos.

El material es un cuerpo, una sustancia. La transformación de esta materia en un estado u otro nos recuerda, sin embargo, su estado primero y nos indica la posibilidad de su transformación ulterior.

En la medida en que transformamos y tratamos el material, producimos una factura. Partiendo de esto podemos formular la segunda disciplina de este modo: la factura consiste en la elección consciente de un material y su uso racional vinculado a una función, sin detener el movimiento de la construcción o limitar su tectónica.

Construcción.

Hay que entender la construcción como una función unificadora del constructivismo.

Si la tectónica implica un vínculo entre el aspecto ideológico y el aspecto formal que da como resultado la unidad de la idea y si la factura da el estado del material, la construcción alude al proceso mismo de su estructuración.

De este modo, la tercera disciplina es la que da forma a un proyecto a través del material tratado.

Tras haber estudiado estas disciplinas, los constructivistas avanzan un segundo eslogan:

«¡Viva la expresión comunista de las estructuras materiales!»

La ciudad comunista es su objetivo inquebrantable.

Nuestras ciudades capitalistas modernas o las ciudades burguesas de mezquino confort provinciano, como «órganos» materiales y técnicos de la sociedad se han convertido en los fieles aliados de la contrarrevolución.

¡La experiencia del comunismo soviético ha demostrado que la ciudad capitalista no sólo no admite los más tímidos signos de la reconstrucción revolucionaria sino que obstruye además el camino de esa reconstrucción!

Sus pequeños y torpes edificios, donde la gente se apretujaba, no sirven a las exigencias operativas de la organización soviética, al igual que las estrechas calles y plazas no proporcionan las condiciones espaciales necesarias para las acciones de masas y las concentraciones de masas.

La esencia tanto interior como exterior de la ciudad burguesa, con todo el eclecticismo de sus formas arquitectónicas, es, después de todo, extremadamente subjetiva y tendenciosa.

Los signos de la propiedad privada se manifiestan a cada paso.

La desproporción de los edificios, la disposición fortuita de las calles, la diseminación de los puestos de venta, su dispersión en una serie infinita de partes independientes entre sí; todo esto hace difícil comprender su lógica, su estructura técnica y su economía.

[La ciudad burguesa] está cubierta de letreros con inscripciones de lo más diversas, escaparates, decorados, anuncios y números, pero esto no le confiere orden alguno.

Entre la amplia gama de casas voluminosas e incongruentes, hallamos templos de la religión y del arte dominantes, monumentos y otros atributos materiales de una sociedad putrefacta cuya espiritualidad contamina a los jóvenes.

Es necesario organizar la conciencia humana y obligar a los grupos de acción revolucionaria y a las masas de trabajadores a ver esta fealdad de una manera sencilla y natural, como la ven en sus viviendas cuando están desordenadas.

La elaboración planificada de la ciudad comunista es el primer paso de los constructivistas en esta dirección.

Sin comunicar sus fantasías sobre la ciudad comunista, los constructivistas tratan de sacar a la calle los proyectos planificados en los talleres con el fin de involucrar a todos los ciudadanos de la república proletaria en esta gran causa común.

Sólo de esta manera los ciudadanos podrán adquirir una conciencia clara de la propiedad social.

Es necesario establecer una línea de acción precisa si se quiere resolver el problema de la «expresión comunista de las construcciones materiales».

Ante todo, es fundamental tener en cuenta la experiencia de estos cinco años, durante los cuales la revolución proletaria ha ido transformando la ciudad capitalista burguesa, como un primer paso hacia la transformación comunista.

Luego debemos observar cómo la NEP [Nueva Política Económica] la está restaurando, etc.

Para llevas a cabo esta labor, los constructivistas están elaborando un sistema planificado.

El primer plan tiene como objeto determinar: 1) ¿Qué debe hacerse en el momento presente? **2**) ¿Quién puede participar en este trabajo? **3**) ¿Qué fuerzas y grupos existen en la actualidad? **4**) ¿Qué ha aportado la revolución? **5**) ¿Qué intentos se han hecho? **6**) Información sobre las ciudades del presente y del pasado. **7**) Materiales de construcción. **8**) La búsqueda de la reorganización de la ciudad con el fin de orientarla hacia el comunismo.

Al organizar el trabajo en este contexto resulta claro que las primeras medidas prácticas del constructivismo estarán dirigidas a purificar la ciudad.

Hay que desmantelar la ciudad burguesa. Es una empresa extremadamente compleja.

Durante cuatro años hemos destruido y demolido pero no hemos logrado eliminar de manera organizada lo que es propio de la burguesía ni abordar los temas más urgentes en lo que se refiere a la producción.

La elaboración planificada de toda la superficie de la ciudad, de los diferentes barrios y finalmente de la utilización vertical del espacio, la tectónica de las masas voluminosas, la factura del material y la construcción de las edificios: éstas son las tareas principales del constructivismo, nacido en el terreno de esta revolución proletaria que lucha activa y conscientemente por el comunismo.

Pero el constructivismo tiene también otras tareas que llevar a cabo.

Crear un sistema para dar forma a los objetos en general.

La cultura dualista, es decir doble, del pasado establecía una división entre puro y aplicado. El arte puro y el arte aplicado, las ciencias puras y las ciencias aplicadas, etc. Se podría enumerar en dos columnas una larga serie de términos según ese sistema de separación dualista.

Los profesores cultos nunca han mencionado, ya sea por premeditación o por miopía intelectual, las raíces sociales de la ciencia, del arte y de la filosofía.

Las ideas, por lo visto, flotaban en el aire y la varita mágica de la inspiración divina ondeaba en el espacio por encima de la tierra llena de pecado y descendía, de vez en cuando, con benevolencia sobre los elegidos de la ciencia o del arte. Pero como los pecadores de este mundo no estaban inactivos sino que trabajaban, se produjo esta división dualista.

Los «demonios blancos» «hicieron» la revolución proletaria. Y por extraño que parezca, lo hicieron tan bien que las ideas que flotaban en el aire no encontraron más voluntarios y la varita mágica no se arriesga ya a rozar la tierra.

¡La división entre puro y aplicado ha llegado a su fin!

Ha llegado el momento de lo socialmente funcional.

La organización del trabajo humano empieza a producir conscientemente la cultura intelectual y material. Un objeto en su papel social pasará de tener un significado puramente utilitario a convertirse en una forma de satisfacción general.

La técnica, compuesta de fragmentos de la naturaleza externa y que consume una enorme cantidad de energía humana para cohesionar y cimentar los actos productivos de manera organizada, se convertirá en un órgano automático y ampliado de la sociedad.

Crear un sistema para dar forma a un objeto implica pasar por un largo proceso práctico de experimentos vitales basados en la racionalidad social.

Además, es necesario estudiar este sistema según un plan formal y productivo.

El constructivista Ródchenko, por ejemplo, cuando describió una de sus experiencias con el constructivismo espacial, escribió:

«He elaborado mis últimas construcciones espaciales de una manera experimental con el único objetivo de vincular al constructor con las leyes de la racionalidad de las formas utilizadas, con su unión lógica y para demostrar también el universalismo del método según el cual se pueden construir, a partir de formas idénticas, todas las construcciones posibles de sistemas, de tipos y de aplicaciones diferentes.

En estos trabajos, igual que en las construcciones reales, he dado al futuro constructor industrial como condición necesaria:

Nada fortuito, nada improvisado. Todo se reduce a un principio universal: simplificar, generalizar, etc.».

Nada fortuito, nada improvisado que venga de un gusto ciego y de la arbitrariedad estética. Todo debe ser concebido de un modo técnico y funcional.

De este modo, nuestro constructivismo, es decir, el constructivismo nacido en el territorio de la RSFSR, se distingue de una manera contundente del constructivismo del que se habla en Occidente y con el que están en contacto nuestros pintores del arte de izquierdas.

El constructivismo en Occidente.

La revista francesa *L' Esprit Nouveau,* en el editorial de su primer número, declara que «el espíritu nuevo es un espíritu de construcción» *(Il y a un esprit nouveau: c'est un esprit de construction).* La revista estadounidense *La Vida Americana* anuncia en mayúsculas la «superioridad del principio constructivo sobre el principio decorativo».

La revista holandesa *De Stijl* mantiene también que «el nuevo estilo colectivo proviene del principio constructivo».

El autor del libro *Y, sin embargo, se mueve,* [Ilyá] Ehrenburg, subraya a propósito de estas afirmaciones: «No crean que son profetas o videntes. Se trata simplemente de conclusiones juiciosas extraídas de datos reales. Los artistas han salido de sus torres de marfil y han contemplado la vida con asombro. Hay una nueva forma de vida, hay un hombre nuevo: de ellos necesariamente surgirá un arte nuevo.

Para entender este cambio, no es preciso estudiar manifiestos estéticos sino más bien examinar seriamente el contexto.

Han habido tres periodos antes de que el constructivismo emergiera en Occidente como una nueva expresión en el ámbito del trabajo artístico.

Antes de la guerra, en la guerra y finalmente la paz.

I. Antes de la guerra.

Abundancia de objetos producidos pero ausencia de percepción de su valor. Pereza y placidez. Inmensos éxitos de la técnica (aviones, submarinos, automóviles, metalurgia, etc.). Pero sólo unos pocos especialistas los entendieron. Los últimos ecos del siglo XIX: teosofía, neocatolicismo. Bergson, Claudel, Berdiáyev, etc. El sapo del individualismo se infla al extremo.

II. La guerra.

Mentiras, el mal, oraciones y servicios fúnebres para los comerciantes y mucho más. La demostración de la organización, hipócrita y odiosa en su esencia, pero ejemplar en sus manifestaciones. El espectáculo de las trincheras, las ametralladoras y las armas. **Acercamiento al milagro de nuestro siglo, la máquina.** En la miseria, mirada lúcida sobre el trabajo y los objetos. A pesar de la magia y los amuletos, muerte de la religión. Sana grosería que destruye el idealismo falso. Camaradería entre batallones, regimientos, clases y pueblos. La guerra iniciada en nombre de ideales hipócritas, de un nacionalismo obtuso, de un heroísmo romántico y de un desprecio por los objetos, acaba con el triunfo del internacionalismo, de la honestidad positiva y del trabajo lúcido.

III. Después de la paz.

Las convulsiones de la humanidad que aspira a levantarse. Nacionalistas, competidores, filósofos, ministros y comerciantes continúan el caos de la víspera. Pero la gente, que han aprendido la experiencia abominable de la guerra, ha llegado a valorar por encima de todo: **el trabajo, la claridad y la organización.**

Esta trinidad simboliza la fe del arte nuevo. Así es como el camarada Ehrenburg, que partió hace dos o tres meses, define y explica el constructivismo en Occidente. Se llevó con él un valioso material: fotografías de nuestros trabajos, un cuaderno de notas y un sinfín de impresiones.

El error esencial de los camaradas Ehrenburg y Lissitzky es que no pueden romper con del arte.

Se limitan a denominar constructivismo a todo el arte nuevo. Eso les permite meter en el mismo saco a los teatros de Taírov, a Charlie Chaplin (Charlot), Meyerhold, Mardzhanov, los trenes voladores de los cómicos, los circos, a Fernand Léger y a muchos otros, y a todo lo llaman constructivismo.

Esto no significa, que el constructivismo sea un fenómeno sólo nuestro.

Se desarrolla a partir de una situación concreta de la vida basada en el estado de las fuerzas de producción.

Y adopta orientaciones diferentes según el estado de las fuerzas productivas, esto es, según las diferentes formas sociales.

El régimen social y político de la RSFSR y el de la Europa y la América capitalistas son estructuras completamente diferentes.

Como es natural, su constructivismo no es idéntico.

Nuestro constructivismo ha declarado una guerra sin cuartel al arte, porque los recursos y las cualidades del arte ya no son capaces de sistematizar los sentimientos del ambiente revolucionario. Este ambiente está cimentado por los éxitos reales de la revolución y sus sentimientos los expresan los recursos de la producción intelectual y material.

En Occidente el constructivismo confraterniza con el arte (la enfermedad crónica de Occidente es la política de la conciliación).

Nuestro constructivismo ha establecido objetivos claros:

Encontrar la expresión comunista de las construcciones materiales.

En Occidente, el constructivismo flirtea con la política afirmando que el nuevo arte está fuera de la política, pero tampoco es apolítico.

Nuestro constructivismo es combativo e intransigente: libra una lucha severa contra los artríticos y los paralíticos, contra los pintores de izquierdas y los de derechas, en pocas palabras, contra aquellos que defienden, aunque sea tímidamente, la actividad especulativa del arte.

NUESTRO CONSTRUCTIVISMO LUCHA POR LA PRODUCCIÓN INTELECTUAL Y MATERIAL DE LA CULTURA COMUNISTA.

NOTAS DE LA TRADUCCIÓN

Existe una versión española del texto de Gan publicada dentro de una recopilación de textos constructivistas: *Constructivismo* (Madrid: Alberto Corazón ed., 1973), traducida por Francisco Fernández Buey. Sin embargo, no se trata de una versión íntegra ni conserva la compaginación original que consideramos parte de la obra.

p. 5 Mantenemos «Grupo de Constructivistas en Acción» por ser una expresión ya consolidada en castellano, a pesar de que una traducción más exacta sería «Grupo de Trabajo de los Constructivistas». [N. del T.]

p. 8 Cita del *Manifiesto Comunista* (Barcelona: El viejo Topo, 1976), traducción y edición a cargo de Francisco Fernández Buey. Gan cita el manifiesto cambiando ligeramente su formato original. Hemos mantenido el formato que Gan utilizó.

p. 9 «Artritis crónica». Gan emplea la palabra «podagrismo», un neologismo que proviene de «podagra», sinónimo de gota, una enfermedad asociada a los excesos de alcohol y comida, y por ello tradicionalmente considerada una enfermedad «de ricos» librados a la autoindulgencia. Puesto que la gota es una forma de artritis, y que el mismo Gan emplea también este término más adelante (p. 15), hemos decidido adoptar esta traducción más comprensible.

p. 13 Narkompros es la abreviación de Comisariado del Pueblo para la Instrucción Pública (*Narodnyi komissariat prosveshcheniya*), creado en la Unión Soviética en 1917, tras la Revolución de Octubre. Gan trabajó en su departamento de Teatro así como en el de Bellas Artes. Hasta 1921, ambos departamentos fueron dirigidos por figuras de vanguardia, mientras un personal más convencional llevaba otras secciones. Como empleado del Narkompros Gan conocía bien su estructura y su política.

p. 28 La cita completa del libro al que Gan se refiere en esta página es: *Nauki ob obshchestvennom soznanii. Kratkii kurs ideologicheskoi nauki v voprosakh i ot- vetakh*, Moscow, 1914. (*La ciencia de la consciencia social: Un curso de ciencia ideológica. Preguntas y respuestas*, Moscú, 1914).

p. 28 En el parágrafo que empieza por "Las características fundamentales del arte..." se abren unas comillas que no se cierran en el original. Es difícil establecer donde termina la cita. Hemos decidido omitir esta puntuación puesto que a lo largo de todo este apartado se cita el texto de Bogdanov como si se tratase de una cita extendida.

p. 34 Esta traducción de *Tesis sobre Feuerbach* (Barcelona: Grijalbo, 1974) proviene de una reproducción de la edición de las obras completas de Marx en español realizadas por la editorial estatal soviética en lenguas extranjeras (*Mezhdunarodnaia Kniga*, Moscú, 1951).

p. 42 Los quevedos eran muy populares en la Rusia prerevolucionaria. Puede que en este fragmento, Gan se refiera de modo despectivo a Anatoli Lunacharski, Comisario del Pueblo para la Instrucción Pública, que usaba quevedos y escribía obras de teatro tradicionales. Lunacharski en general fue tolerante y apoyó la vanguardia sin ser un gran entusiasta de sus ideas.

p. 47 Gan incluye una nota que hace referencia al libro de Nikolái Bujarin, *Teoriya istoricheskogo materializma. Populyarnyi uchebnik marksistskoi sotsiologii*, Moscú, 1922. Existe una traducción española de este texto: *Teoría del materialismo histórico: ensayo popular de sociología marxista* (Madrid: Siglo XXI, 1974).

Este libro explica cómo, a través de la historia, las transformaciones en la estructura social y económica de la sociedad suceden a consecuencia de cambios materiales. (Los progresos tecnológicos y avances en el modo de producción influencian a la organización socioeconómica de un una sociedad).

p. 56 Gan empleó el concepto de «trabajo de laboratorio» en el Programa del Grupo de Constructivistas en Acción para describir las obras de arte, que tanto que no eran más que experimentos con el color, la forma o el material no tenían una utilidad práctica, aunque podían ayudar a los constructivistas en el proceso de diseñar objetos útiles para la producción en masa y la realización de «la expresión comunista de las construcciones materiales».

p. 65 Esta cita proviene de un manuscrito de Ródchenko, *Laboratornoe prokhozhdenie cherez iskusstvo zhivopisi i konstruktivno-prostranstvennyie formy k industrial'noi initiative KONSTRUKTIVISMA*, 1917-1921. El hecho que Gan tuviera acceso a los manuscritos del artista demuestra la relación que unía a ambos creadores en ese momento. Gan editó el texto levemente, por lo que hay algunas diferencias con la versión original publicada posteriormente en: *Aleksandr Rodchenko, Opyty dlya budushchego. Dnevniki. Stat'i. Pis'ma. Zapiski* (Moscú: Grant, 1996). Existe también una versión inglesa en *Aleksandr Rodchenko, Experiments for the Future: Diaries, Essays, Letters and Other Writings*, ed. Alexander N. Lavrentiev, trad. Jamey Gambrell (New York: Museum of Modern Art, 2005).